CHINE-RD CONGO

Tome 2

Il manque un détail !

Les impliqués Éditeur

Structure éditoriale récente fondée par L'Harmattan, Les Impliqués Éditeur a pour ambition de proposer au public des ouvrages de tous horizons, essentiellement dans les domaines des sciences humaines et de la création littéraire.

Déjà parus

Burckel de Tell (Hervé), *Tous les enfants sont naturels. Lettre de Buenos Aires*, 2022.

Jonnet (Frédéric), *La brèche. Deux semaines dans le bocage vendéen*, 2022.

Diallo (Elhadj Mamadou Aliou), Diallo (Hadja Rabiatou Serah), *Les non-dits et les non-sus. Hadja Rabiatou Serah Diallo sort du silence*, 2022.
Limosino (Matthieur), *Raciste !*, 2022.

Magerotte (Martine et Alain), *Semblances*, 2022.

Sarola (Alexis), *La Disparue*, 2022.

Famaro (Isabelle), *Hommage à mon arrière-grand-père. Eugène Bassières, ingénieur agronome (1870-1931)*, 2022.

Dauphiné (André), *Un géographe face aux crises*, 2022.

Kalfon (Joëlle), *Le jour se lève et la nuit est toujours là…*, 2022.

Denis (Guy), *Passer la ligne*, 2022.

Les impliqués
Éditeur

Ces dix derniers titres de ce secteur sont classés par ordre chronologique en commençant par le plus récent.
La liste complète des parutions, avec une courte présentation du contenu des ouvrages, peut être consultée sur le site :
www.lesimpliques.fr

Marcel Yabili

CHINE-RD CONGO

Tome 2

Il manque un détail !

Les impliqués
Éditeur

Du même auteur

Droit

Code de la Zaïrianisation, Éditions Mwanga Hebdo, 1975.
État de droit : les contrôles de constitutionnalité par la Cour Constitutionnelle, les Cours et les Tribunaux, PUL, 2012.
Les Juridictions Judiciaires, Ed. M.Yabili, 2013.
Je crois en Droit, Ed Bahû-Bab, 2014.
50.000 taxes, Mediaspaul, 2016.
La fiscalité réglementaire, PUL, 2018.
Ikyupo, étude comparative des mariages, PUL, 2019.

Littérature et essais

Le géant d'Afrique, le géant d'Asie, L'Harmattan, Paris, 2012.
Vraiment : Congo, une tribu, Mediaspaul, 2015.
Je connais mon visage, Mediaspaul, 2015.
Really ! Congo, a tribe, Mediaspaul, 2016.
Deux saisons sans la 3e république, Les Impliqués, 2017.
Chine-RD Congo, chronique d'une colonisation choisie, L'Harmattan, 2020.
Le roi de Lumumba (T1), Fake news, Mediaspaul, 2020.
Mijn waarheid over Leopold II (NL), Musée Familial, 2020.
Le roi de Lumumba (T3), 135 ans et +, Mediaspaul, 2021.
The Greatest Fake news of all time, Musée Familial, 2020.

Arts & Culture

Un arbre sur la Lubumbashi, Musée Familial Yabili, 2017.
175 millions ! en 2045, Musée Familial Yabili, 2018.
Lubumbashi, carte architecturale du patrimoine, ULB, 2019.
WATOTO, Musée Familial Yabili, 2021.

5-7, rue de l'École-Polytechnique, 75005 Paris

hwww.lesimpliques.fr

ISBN : 978-2-343-25723-5
EAN : 9782343257235

À la bravoure :
de certains anciens,
et de la future génération !

AVANT-PROPOS

Une personne est étendue ; elle ne parle pas ! Est-elle silencieuse ? Ou déjà morte ? Ou en train de mourir ?

Certaines personnes âgées, sentant leur fin de vie, se mettent en position fœtale, se replient sur elles-mêmes et refusent de parler ; elles se déconnectent des autres et de la vie... Et c'est très judicieusement que des psychologues conseillent d'établir et d'entretenir des contacts extérieurs et, surtout, d'échanger et de communiquer.

J'ai ainsi pris l'habitude de croiser le regard des personnes que je rencontre, et lorsque c'est possible, de les taquiner avec un bon mot ou une plaisanterie. Très souvent, l'inconnu se décrispe et, parfois, il dévoile des aspects de sa vie insoupçonnée, mais toujours intense. Une fois, un jeune homme avait vu que j'avais aperçu la corde qu'il avait dans les mains ; il se mit à pleurer, car il partait chercher un arbre isolé pour s'y pendre ! Nous avions parlé et il reprit le goût de vivre... Je suis certain que chaque échange avec les autres fait reculer le gène mortifère de ma propre vie.

Mais voilà ! Dans mon pays, on ne communique pas. Il n'y a pas d'archives pour parler du passé ; les personnages n'écrivent pas leurs mémoires. Avec ce silence sidérant, le Congo est-il en train de mourir ? Ou, est-il mort déjà ?

La pénétration chinoise illustre cette interrogation. La curiosité sur ce dossier ne peut être comblée par la propagande officielle ou par les analyses souvent brillantes ou partisanes qui sont formulées, la plupart du temps, par des étrangers. Mais sans profondeur ni fil conducteur pour en appréhender l'histoire et, partant, la vérité.

Cela m'interpelle.

En effet, ce nouveau livre est puisé du même manuscrit que le premier et le second ouvrage, ainsi que celui qui suivra. Le tout aurait pu être publié il y a dix ans. Je garde mon propre rythme, car je suis libre. Mais je n'ai pas le droit de dissimuler des éléments d'histoire de mon pays, provenant de rencontres, d'anecdotes, de confidences et d'analyses.

Tout cela ne m'appartient pas ! Je dois tout partager. C'est ma petite action pour endiguer la tentation du vieil homme condamné au silence par le gène de la mort.
Bref, je dois raconter le Congo ! Tout le Congo.
Lorsque ce nouveau livre a eu besoin d'évoquer la première exploitation des ressources naturelles, je n'ai pas hésité à écrire Le Roi de Lumumba qui déconstruit avec impertinence l'histoire, les historiens et les idées reçues.
Pour ce qui est de la Chine, j'avais commencé par raconter 100 années (1893 à 1997) dans Le Géant d'Afrique, le Géant d'Asie. *Les épopées du rail avaient engendré un des pères de l'indépendance congolaise que Mao Tsé Toung enflamma en armant des rebelles, jusqu'à ce qu'il leur préfère Mobutu. Vint la Première Guerre mondiale africaine, et la Chine rejoignit la mission de paix de l'ONU avec des bérets bleus qui se livrèrent à de l'espionnage minier.*
Dans une deuxième saison, Chronique d'une colonisation choisie *couvre dix années (1997 à 2007) d'événements aussi inimaginables que la cession de tous les minerais à une compagnie installée dans une salle à manger ! Le malentendu fut total. Les Occidentaux prétendaient renoncer aux intérêts économiques pendant que des Congolais désossaient l'État en rêvant de reconstruire le pays avec des Chinois qui pensaient que leur heure avait sonné !*
Le héros de cette saga a écrit : « Salim Saleh m'invita en Chine en 2007. C'est à partir de cette visite que prit racine l'aventure de notre coopération minière avec la Chine. L'idée de faire écrire notre ministre des Finances au ministre du Commerce de Chine fut retenue. Dans le mois qui suivit, une délégation chinoise vint au pays et conclut un fameux contrat. » C'est intentionnellement court et falsifié.
Par devoir, je vais tout raconter dans cette troisième saison. Pour qu'on s'en souvienne dans cinquante ans.

L'auteur

C'est moi… à l'appareil !

Lundi matin 17 septembre 2007. Bruxelles.

Les grands événements ne s'annoncent pas. Certains s'impriment dans la mémoire avec leurs bruits, leurs couleurs et, parfois et surtout, des odeurs.

Ce matin-là, la sonnerie du téléphone était en mode *vibreur*, pour ne pas importuner les Bruxellois qui balançaient debout, entassés dans le bus 38 en montée de la place Flagey vers l'avenue Louise. Soudain, la poche intérieure de la veste se mit à s'agiter. Furieusement.

C'était l'année du lancement du smartphone. Le *mobile* a de nombreuses fonctions, en plus de celle de converser. Il peut porter la voix à plusieurs dizaines de milliers de kilomètres, par paquets d'ondes numériques qui transitent par des cellules, des fibres optiques ou des satellites. Autant de voies invisibles et magiques, mais bien au creux de mains ordinaires. Avec le téléphone portable, chacun détient le pouvoir d'importuner les autres, de les appeler et de les atteindre quand lui-même le décide. Il suffirait d'avoir le numéro du Pape ou du plus puissant des chefs d'État pour les surprendre dans la baignoire !

« Il est temps qu'on édicte de nouveaux codes de savoir-vivre. Qu'on vérifie la disponibilité des personnes qu'on appelle au téléphone. Et lorsqu'on vous répond, on ne devrait pas engager la conversation, mais se présenter poliment. « C'est moi… Êtes-vous libre ? Je peux vous parler maintenant ? Ou, je peux rappeler plus tard ? » Etc. Fort heureusement, la plupart sont démunis et incapables de soutenir une conversation payante ; ils se signalent par un ou deux bips de sonnerie en espérant qu'ils seront rappelés aux frais de la personne dérangée ! »

Mais dans ce bus bondé, le *vibreur* sautillait dans la veste. Prenant de courtes pauses. L'appel insistant avait de quoi énerver. Heureusement, les voisins ne remarquaient rien. L'arrêt de Vleurgat permit de saisir l'appareil, à la faveur de la double bousculade des passagers qui descendaient et de ceux qui montaient à bord. L'écran afficha un numéro inconnu, qui commençait par le code 27. Le préfixe de l'Afrique du Sud…

« C'est Walter, à l'appareil ! Je suis à Jo'bourg. As-tu lu les journaux de ce matin ? Le monde entier ne parle que de ça. Les Chinois vont déverser des milliards de dollars sur le Congo. Ils vont construire des autoroutes, des voies ferrées, des hôpitaux, des universités. C'est *giga* ! Le *contrat du siècle !* ».

Le Syndrome de Wade

Le Congo, faut-il le rappeler, est en Afrique… Et sur le continent, des histoires très anciennes, perdues dans la nuit des temps se racontent le soir autour d'un feu aveuglant, envolant des flammèches rougeoyantes vers la Voie Lactée, et des fumées noires dans la forêt alentour qui bruisse de cris de bêtes invisibles et de mystères. Ces récits se fixent dans les esprits et formatent l'âme des peuples.

Il était, une fois, une famille nombreuse qui se mourait à cause d'une terrible famine. Désespéré, mais courageux, le père s'enfonça en brousse implorer les esprits. Il s'arracha un œil qu'il planta dans le sol. Il se mit à chanter :

« Eee Matungulu eee ! - Eee Matungulu shala kapona - Eee matungulu - Unsuleni - So Matungulu - Mpo nawe - Matungulu - Mpo nawe – Matungulu ! »

Aussitôt, un arbre surgit du sol. Il était chargé de fruits. Le père s'en régala. Il exécuta à nouveau la même chanson, et l'arbre disparut. Le père rentra chez lui sans rien apporter à l'épouse et aux enfants ; il culpabilisa tout le monde en racontant que c'était dans sa recherche de nourriture, « pour eux », qu'il eut un accident et qu'il perdit un œil ! La famine

se poursuivit et chaque jour, le père s'enfonçait en brousse pour s'alimenter secrètement à l'arbre magique ; à chaque fois, il revenait sans la moindre graine ou racine ni une sauterelle pour les siens. Les membres de sa famille devenaient de plus en plus squelettiques, mais lui-même prenait de l'embonpoint. Le contraste intrigua le fils cadet. Le petit se mit à surveiller le père, à le suivre discrètement. Il finit par découvrir le phénomène et le secret de l'arbre magique. Par la suite, chaque fois que le père s'alimentait et repartait, le fils le remplaçait pour entonner la même chanson :
« Eee Matungulu eee ! - Eee Matungulu shala kapona - Eee matungulu - Unsuleni - So Matungulu - Mpo nawe -, Matungulu - Mpo nawe – Matungulu ! »
À chaque fois, l'arbre magique surgissait du sol et procurait des fruits que l'enfant emportait pour nourrir sa mère, ses frères et ses sœurs. Finalement, et malgré la famine, c'est toute la famille qui commença à recouvrer des forces. Ces signes de bonne santé intriguèrent le père. Un jour, il surprit son fils cadet qui utilisait son secret. Il se mit en colère. « Comment as-tu osé te nourrir et nourrir tous les autres. C'est MOI qui ai sacrifié MON œil. Mon œil est pour moi ! ». Et le père tua son fils. Il demanda ensuite aux esprits que l'arbre cesse de surgir et de donner des fruits. Puis il se donna la mort.

Voilà le genre de contes qui bercent les petits et façonnent leur mental. On les prépare à exercer et à subir une autorité publique qui ne se sacrifie jamais pour les autres ? Les cas pullulent, à travers le continent.

[Le président sénégalais s'était attribué des royalties pour avoir eu l'idée d'ériger « le Monument de la Renaissance africaine » à Dakar. Pour un dirigeant, le pouvoir suprême était « sa » chose ; il l'exerce sur toutes les choses. Il permettrait de tout faire, de tout donner et de tout prendre aussi…]

C'est le « syndrome de Wade ».

Une cause des inégalités

Un géographe, biologiste américain a expliqué la supériorité de certains peuples sur d'autres[1]. Rien n'est inné et aucun destin n'est déterminé ou déterminant. Des facteurs jouent, notamment la connaissance des uns et des autres au moment de leurs rencontres.

L'Américain Jared Diamond parle, notamment, des Incas dont la civilisation leur aurait permis de traverser l'océan Atlantique et de coloniser l'Europe. Mais une seule bataille, à Cajamarca, fit triompher la colonisation des Indiens par les Européens, alors que c'est le contraire qui aurait été possible. Le 16 novembre 1532, une poignée de 168 Espagnols, dont 62 cavaliers et 106 fantassins, avaient défait 80.000 Indiens. Les conquérants avaient été mieux informés sur les conquis alors que les Amérindiens ne connaissaient ni l'Europe, ni le cheval, ni l'épée en fer.

L'ignorance peut perdre des nations.

À ne pas oublier…

---

[1] Jared Diamond, *De l'inégalité parmi les sociétés : Essai sur l'homme et l'environnement dans l'histoire,* 1997, Gallimard, 2000, Folio, 2007.

INTRODUCTION

L'ancien septième mois

Les récits forment la jeunesse et les peuples. Certaines années, qui échappent au cours monotone et mystérieux des astres célestes pour créer l'événement et marquer durablement les esprits, inspirent aussi. C'est ainsi que dans les villages de la RD Congo, on donne aux nouveau-nés des noms de circonstances ou de personnages remarquables. Un peu partout au monde, on se souvient moins d'un beau temps et de belles récoltes ordinaires que de catastrophes et d'événements extraordinaires.

C'est ainsi qu'on oublie que *septembre* vient de *sept*. Le septième mois du calendrier romain est devenu le neuvième mois des calendriers grégorien et julien. En RD Congo, le mois de septembre pourrait bien servir de fil conducteur de l'histoire récente et immédiate du pays…

Septembre 1885.

Cette année-là, le Congo exerça ses premières prérogatives d'État souverain, en adhérant[1] à l'*Union Postale Universelle (UPU)*. Il s'installa aux côtés des grandes puissances[2] de l'époque. Un pays d'Afrique dans la cour des grands ! Le Congo existait, sur le plan international, depuis la proclamation de son indépendance, le 1er juillet[3]. À la même époque, la Chine avait un retard de 30 ans sur l'État Indépendant du Congo (EIC) puisqu'elle n'adhérera à l'*UPU* qu'en 1914 !

[En 1885, toute l'Afrique fut colonisée ou placée sous tutelle, sauf trois États : l'Éthiopie, le Libéria et le Congo[4]. Mais on a qualifié l'EIC de « propriété ou colonie personnelle de

---

1 17 septembre 1885.

2 Allemagne, États-Unis, Autriche, Canada, Etc.

3 Par le Britannique Sir Francis de Winton.

4 EIC : 23 ans de 1985 à 1908.

Léopold II, né Saxe Cobourg Gotha », alors qu'on ne discute pas la souveraineté de la Principauté de Monaco qui s'étend sur un millionième de la superficie du Congo !]

La souveraineté est une couronne. On court après ; on s'y attache, on se la fait arracher. Elle a deux formes. La « souveraineté des États » qui s'exerce sur un territoire et la « souveraineté des peuples » qui provient de leurs droits fondamentaux et des vertus de la démocratie. C'est ce qui explique que malgré le cumul de deux souverainetés internationales (de 1885 à 1908 et, depuis 1960), les Congolais ont connu des dirigeants autocrates et des dictateurs pour une durée plus longue que celle de la colonisation[5].

La souveraineté sur le territoire est flamboyante, car elle donne une visibilité internationale, un bouclier aux « ingérences extérieures » et, parfois, un paravent opportun pour favoriser et masquer des abus intérieurs et des marchandages sur le sort des populations et des richesses naturelles.

La traite transatlantique continue à tourmenter les esprits. Mais ces millions d'esclaves furent livrés, pendant des siècles, à des revendeurs européens par des marchands africains. Par des États « souverains » africains[6]. Après l'abolition de l'esclavage, et en dehors des conquêtes armées, la colonisation fut implantée par des conventions[7] conclues avec des chefs qui étaient considérés comme des rois « souverains », régnant sur des peuples et des terres !

La perte des souverainetés précoloniales est un fait avéré.

---

[5] Congo belge : 52 ans de 1908 à 1960.

[6] Royaume Kongo, Fédération Ashanti (Ghana), royaume d'Abomey (Bénin), Mozambique, Madagascar. F.X.Fauvelle & alii, *Atlas historique de l'Afrique*, Éditions Autrement, 2019.

[7] Exemple de clause de contrat de colonisation : « les souverains africains reconnaissaient qu'il était hautement désirable de créer et développer dans leurs États des établissements propres à favoriser le commerce et à assurer au pays et à ses habitants les avantages qui en découlaient. À cet effet, ils cédaient en pleine propriété leurs territoires » (Stanley 28.09.1879, à Vivi).

On peut blâmer le rapport des forces qui était en faveur des Européens. Cependant, les dirigeants locaux, même illettrés, n'avaient pas toujours été des innocents ou des ignorants ou des inconscients. Ils savaient fort bien qu'ils vendaient des êtres humains, ou des territoires ou encore des richesses naturelles. Même aveugles, ils pouvaient percevoir que des *crimes contre l'humanité* les enrichissaient et les rendaient plus puissants envers leurs semblables. Ils partagent cette culpabilité imprescriptible par la trahison d'une autre souveraineté : celle des peuples.

Touché, coulé !

Septembre 1908.

Cette année-là, l'État Indépendant du Congo (EIC) plia bagage, après, à peine, 23 ans ! Un traité bilatéral et de valeur internationale avec le Royaume de Belgique, fit du Congo une colonie[8]. Du coup, les Congolais perdirent leur nationalité pour 52 ans. En cause, les richesses naturelles !

Léopold II recherchait les moyens financiers de la souveraineté territoriale du Congo. Il engagea sa fortune personnelle assez appréciable, à l'époque. Il fit des emprunts publics. Arrive 1890, et la Belgique prêta 25 millions de francs à l'EIC, pour dix ans et sans intérêts[9]. À défaut de remboursement, le Royaume belge pouvait annexer le Congo « avec tous les biens, droits et avantages attachés à sa souveraineté et la charge d'en reprendre les obligations envers les tiers ». Il fut précisé que « si la Belgique ne souhaitait pas annexer le territoire en 1900, l'EIC disposerait encore de dix années pour rembourser le prêt ».
Mais la Belgique n'annexa pas le Congo en 1900, alors qu'elle n'avait pas été remboursée.

---

[8] Traité de cession du 28 novembre 1907. À compter du 15 novembre 1908.

[9] Suivit, en 1895, un deuxième prêt de 7 millions de francs.

Les finances de l'EIC avaient été renflouées par les ressources naturelles et, en particulier, par le caoutchouc sauvage, provenant d'arbres, de lianes et d'herbes des forêts équatoriales. La demande de la gomme de latex avait augmenté après les inventions de la vulcanisation, en 1842, et du pneu automobile, en 1887.

En septembre 1908, la Chine préparait l'intronisation d'Aixinjueluo Puyi, le dernier empereur, âgé d'à peine deux ans et demi. Dix années auparavant, l'EIC employa 529 Chinois, des *Coolies*, sur le chantier du chemin de fer Matadi-Kinshasa ; en même temps, ce furent des Blancs, porteurs de passeports congolais, qui gagnèrent le marché de construction, en Chine, du chemin de fer Pékin-Wuhan.

Un siècle plus tard, tout fut inversé. Les Chinois deviendraient des maîtres du Congo, sollicités pour y construire des chemins de fer… Un *best-seller*[10] cristallisa l'image atroce d'un EIC transformé en « une mine de caoutchouc rouge », et une mer de « sang sur les lianes »[11]. Son monarque était désormais décrit comme un chef de gang qui aurait passé son temps à compter des sacs d'argent et des tas de mains coupées aux Noirs ; il serait un précurseur de Staline et d'Hitler. Les accusations n'avaient pas besoin d'être avérées ; elles étaient lourdes comme des pierres attachées à un cou. Léopold II fut touché et coulé.

Mais un Congolais du Congo[12] a décrypté ces récits et dénoncé une *apologie du racisme* qui culpabilise le Blanc et victimise le Noir à coups de fantômes et de *fake news*. En réalité, à cette époque léopoldienne, le caoutchouc était sauvage et provenait des forêts des bassins des fleuves Amazone et Congo. Le produit naturel n'était pas une matière

[10] Adam Hochshild, op.cit.

[11] Titre du livre de Daniel Vangroenweghe (Éditions Aden), 1986.

[12] Marcel Yabili, Trilogie *Le roi de Lumumba : fake news, tribunal, 135 ans et+*, Mediaspaul, 2020 et 2021.

précieuse, comme l'or et l'argent d'Amérique latine[13] dont les gisements, écrémés et épuisés, avaient contribué au rayonnement de l'Europe. Ce n'était que de la sève d'arbres qui ont survécu et qui se multiplient au XXIe siècle, mais sans plus intéresser personne. De plus, les forêts naturelles, peu rentables, furent rapidement remplacées par des plantations industrielles d'hévéa.

À cette époque, l'EIC fournissait le tiers de la production africaine[14] de caoutchouc et le dixième du tonnage mondial. On parle de la montagne de richesses du caoutchouc congolais. Mais pas des deux tiers des fortunes de la gomme d'Afrique ni, surtout, des neuf autres groupes de milliardaires du caoutchouc dans le monde…

Les proportions réelles existent. À titre d'exemple, pendant la seule année 1908, l'Amérique latine avait fourni le volume total des 23 années de l'EIC[15], soit 56.455 tonnes de caoutchouc[16]; tout le pactole du caoutchouc de l'EIC pouvait être transporté dans 1500 containers ou sur autant de semi-remorques ! Le quart de l'*Ever Given*[17] ou une semaine de manutention au port congolais de Matadi[18].

La valeur de tout ce caoutchouc exporté de l'EIC fut exactement de 448.928.160 de Francs congolais[19]. Le produit avait enrichi les compagnies commerciales[20] qui en acquittaient des taxes et des impôts. De son côté, l'EIC revendait

---

[13] Au XVIe et XVIIe siècles. Mexique pour l'argent ; Pérou (Potosi) pour l'or.

[14] Avec, principalement, la Guinée française, l'Angola et le Ghana, ainsi que le Gabon, le Cameroun, le Nigeria, le Dahomey, le Togo et la Côte d'Ivoire.

[15] *Rubber makes history, part I-1: the conflict about the rubber monopoly,* www.k-online.com/en/News/Topic_of_the_Month/Topic

[16] Bulletin Officiel de l'EIC. Une moyenne d'environ 2500 tonnes/an.

[17] Le porte-container qui bloqua le canal de Suez en mars 2021.

[18] Capacité annuelle de 5 millions de tonnes.

[19] Autant en Reichsmark ou 17.605.026 livres sterling de l'époque.

[20] Dont le *Domaine de la Couronne* et ses dix années de revenus qui bénéficièrent à la *Fondation de la Couronne* qui réalisa des travaux en Belgique.

son propre caoutchouc provenant d'un impôt en nature[21]. Ces deux ressources fiscales avaient servi à couvrir les dépenses publiques[22], ainsi que des investissements publics et sociaux[23]. Entre 1891 et 1908, les recettes budgétaires totales passèrent de 0,6 à 35 millions de francs congolais. L'EIC devint autosuffisant et n'eut plus besoin des fonds de Léopold II ni des prêts de la Belgique.

Mais cette performance est entachée par son coût humain. Objectivement, les populations engagées dans la production n'ont pas été des cortèges d'esclaves ; elles représentaient les prestations d'environ 26 à 50.000 *saigneurs* de caoutchouc par an[24]. On parla de travail forcé et de *caoutchouc rouge* avec une telle émotion qu'il y eut une campagne qui a forgé le terme de « crime contre l'humanité ».

Cette terminologie est cohérente avec le_Traité de Berlin de 1885. Le pacte n'avait pas uniquement partagé l'Afrique entre des Européens, mais huilé les affaires avec, en particulier, une « zone de liberté de commerce de toutes les nations » dans le bassin du Congo. Le Traité leur imposa aussi de protéger les populations et d'en « accroître le bien-être moral et matériel »[25]. Le Pacte proclama une sorte de *droits*

---

[21] Travail rémunéré de 40 heures par mois.

[22] La porte du Cinquantenaire à Bruxelles a une plaque commémorative du « don » de l'EIC. La Belgique avait prêté 32 millions de francs. Etc.

[23] Une documentation de 1500 photographies d'époque sur le pays et ses habitants montre qu'il y avait des chantiers partout. Par exemple, une ligne télégraphique d'avant 1904 fendit la forêt pour relier Boma à l'Équateur, sur un millier de kilomètres ! In État *Indépendant du Congo. Documents sur le pays et les habitants*, 6 fascicules de 1903 à 1904, réédités sous le titre *Naissance du Congo Belge*, Didier Hatier, 1989.

[24] Un plancher de 50 kg annuels, par saigneur, pour 2500 tonnes par an, en 23 ans donnerait 50.000 travailleurs. Une évaluation haute de 40 heures, par mois, donnerait 96 Kg par an et 26.000 saigneurs par an.

[25] Préambule de l'Acte général de la conférence de Berlin, et l'article 6 : « toutes les Puissances exerçant des droits de souveraineté ou une influence dans lesdits territoires s'engagent à veiller à la conservation des populations et à l'amélioration de leurs conditions morales et matérielles d'existence et à concourir à la suppression de l'esclavage et de la traite… »,1885.

humains et de « règles fondamentales de justice et d'équité dans toute politique coloniale à l'égard des populations »[26].

On reprocha à Léopold II d'avoir violé son obligation de protéger les Congolais, victimes de sévices. Sur un autre volet, les travaux réalisés en Belgique contrevenaient à un des principes fondamentaux de la théorie coloniale, à savoir que « les revenus provenant des colonies devaient servir aux intérêts des colonies elles-mêmes »[27].

La fin de l'EIC, en 1908, indiqua en réalité que le principe des droits des populations pouvait prévaloir sur la souveraineté des États. De son côté, la Belgique fit le pari de mieux faire que Léopold II[28]. Et en 1960, 52 ans plus tard, ce sont les Congolais qui reprirent le même pari pour, à leur tour et par eux-mêmes, mieux faire que Léopold II et la Colonie, envers leur propre peuple « souverain ».

Indépendance Cha-Cha

Septembre 1960.

Le cinquième jour du premier mois de ce nom de l'ère de l'Indépendance, le président Kasavubu révoqua Lumumba «… à cause des événements du Kasaï » qui seront qualifiés de génocide[29], par les ressortissants de cette province. Il lui enleva la double casquette de Premier ministre et de ministre de la Défense. Selon Kasavubu, « Lumumba a trahi

[26] Tous droits réservés pour cette citation.
[27] Barbara Emerson, *Léopold II, le royaume et l'empire*, Duculot, 1980.
[28] La Charte Coloniale du 18 octobre 1908, votée par le parlement belge, prescrivait : « tous les habitants de la colonie jouissent de droits reconnus par (15 articles de) la constitution belge... Nul ne peut être contraint de travailler pour le compte ou au profit de particuliers ou de sociétés (article 2) ; une commission permanente est chargée de la protection et de l'amélioration des conditions morales et matérielles des indigènes (article 6) ».
[29] Marcel Yabili, *Chine-Congo, chronique d'une colonisation choisie,* L'Harmattan, 2020.

la tâche qui lui était confiée ; il jette le pays dans une guerre civile atroce ». Réagissant impulsivement, Lumumba parla à la radio et révoqua le chef de l'État qui « a trahi la Nation. Il veut détruire le Gouvernement nationaliste qui a lutté avec acharnement contre les agresseurs belges, contre les ennemis de notre indépendance nationale… Il a collaboré avec les Belges et les Flamands… ».

Mais le 14 septembre, Mobutu mit fin à cet imbroglio de manière brutale[30], et Lumumba ne gouverna que 67 jours[31]. Le putschiste promit de restaurer le pouvoir constitutionnel en janvier 1961. Mais à cette échéance, Lumumba était privé de liberté[32]. Il fut déporté[33] et exécuté sommairement !
Le plan d'origine fut de livrer le prisonnier au Sud-Kasaï[34] sécessionniste. Mais il fut tué à l'improviste au Katanga sécessionniste. Pour rectifier ce contretemps, on déporta « en compensation », douze politiciens lumumbistes[35] qui furent éliminés à leur arrivée au Kasaï.

---

[30] Par un coup d'État. Le pays sera gouverné par des commissaires généraux.

[31] Du 1er juillet au 5 septembre 1960, où il fut révoqué par Kasavubu.

[32] Mis en résidence surveillée le 15 septembre, puis arrêté le 2 décembre.

[33] Dans un quadrimoteur DC-4, fabriqué sous Nr de série 43096 et livré en 1947 à la Sabena qui l'immatricula OO-CBI. Après 1960, l'avion a été revendu à Air-Congo et prit les immatriculations 9O-CBI, puis 9Q-CBI avant de passer sous les pavillons d'Air Zaire et de Zaïre Aero Services et finalement sous 9Q-CMC de l'African Air Charter.

[34] M. Yabili, *Chine-Congo, chronique, op.cit.* « Au lendemain de l'indépendance, une guerre ethnique avec la tribu Lulua avait fait migrer les Lubas à Mbuji-Mayi, devenue la capitale de l'Empire du Sud-Kasaï. Lumumba monta une expédition qualifiée de « génocide » des Lubas à Kasengelu. Le chef de l'armée était l'oncle de Lumumba, et de la même tribu que ses deux compagnons Okito et Mpolo, assassinés en même temps que lui. C'est pour réaliser une vengeance de sang que Lumumba fut embarqué avec une escorte de Lubas dans un DC4 où avait commencé une mise à mort qui l'attendait à Mbuji-Mayi. C'est par un contretemps que l'avion fut dérouté sur Lubumbashi où il fut fusillé sans acte d'accusation ni jugement préalables ».

[35] Notamment Jean-Pierre Finant, Jacques Lumbala, Emmanuel Nzuzi, Christophe Muzungu, Jacques Fataki, Pierre-Léopold Elengesa et Camille Yangara, in *Chronologie de la RDC (1960-1997)*, www.sciencespo.fr/mass-violence-war-massacre-resistan.

Par la suite, la Belgique fut la seule à avoir organisé un *procès* de cet assassinat. Les protagonistes belges et congolais, encore en vie, comparurent à Bruxelles devant une Commission d'enquête de la Chambre des députés[36]. La Belgique présenta des excuses, non pour le meurtre ou l'assassinat, mais pour « non-assistance à personne en danger ». Une incrimination de droit moderne.
Mais aucun des acteurs ou dirigeants congolais ne fut inquiété pour « non-assistance » à Lumumba ; ils étaient protégés par le paravent de la non-ingérence et le bouclier de la souveraineté sur le territoire.

L'exécution sommaire de Lumumba avait violé le droit fondamental à la vie et le droit à un procès préalable. Le drame inversa les normes. La souveraineté des peuples, qui avait ébranlé Léo II et fait chuter la colonisation belge, fut décapitée, aux premières heures de l'Indépendance ! Et enfouie sous la souveraineté territoriale. Pour longtemps !

Retour de boomerang en 1997

Encore le mois de septembre.

Après 32 ans de règne sans partage[37], Mobutu meurt au Maroc. De mort naturelle, parce que de maladie !

Au même mois, en 1960, le sort macabre de Lumumba fut scellé par deux hommes. L'un avait des liens avec des Chinois. L'autre aura des relations avec la Chine.
Le président Joseph Kasavubu avait du sang chinois[38], et Mobutu effectuera cinq voyages officiels[39] en Chine.
Mais au même moment, Lumumba fut récupéré à 1600 km de là, sur les terres où il trouvera la mort : au Katanga.

---

[36] *Enquête parlementaire belge*, Vol I et II, doc 500312/006 et 007, 2001.
[37] 1965-1997.
[38] In M. Yabili, *Le Géant*, op.cit.
[39] En 1973,1974, 1980, 1982 et 1994.

Le 13 septembre 1960, des milices appelées « jeunesses » lancèrent les premières attaques des guerres civiles sanguinaires[40]. Ces drogués et fétichistes étaient des apparentés tribaux de celui qui venait de succéder à Mobutu en 1997. Un retour de boomerang, pour venger Lumumba?

Un homme[41] fut dans les rangs des *Simbas* et des *Maï-Maï* et de rébellions teintées de barbaries. Il se proclamait « lumumbiste », mais il fut vite identifié comme *paléorévolutionnaire* parce qu'il avait évolué en dehors et dans l'ignorance de l'histoire et des valeurs universelles. On l'appela à juste titre *Vieux*[42]. Il était effectivement *vieux jeu*, dans ses idées et ses actions à contretemps.

Il avait été porté au pouvoir par des *enfants soldats*, au moment où pareil recrutement était qualifié de « crime contre l'humanité ». Il débaptisa le pays *Zaïre* en restaurant le nom de *République Démocratique du Congo*[43], mais en utilisant le drapeau de 1960 qui ne flottait plus depuis 1964. Il ne le savait pas… Che Guevara[44] l'avait rejoint dans le maquis, où il vit les limites d'un aventurier qui rêvait d'une révolution agraire avec le blé[45], comme le répétaient ses maîtres à penser marxistes, alors que la céréale des zones tempérées ne pouvait pas pousser au Congo. Il avait même enseigné le *Petit livre rouge* de Mao au moment où en Chine, cette *bible* avait été archivée. Etc.

Comment les deux souverainetés (celle du pays et celle du peuple), en jeu depuis 1885, pouvaient-elles survivre ?

---

[40] Les jeunesses Balubakat assassinent le chef de secteur et tous les agents du secteur du Lualaba et, ensuite à Mukula Kulu. www.sciencespo.fr/mass-violence-war-massacre-resistance/fr/document/chronologie-de-la-republique-democratique-du-congo-zaire-1960-1997.html

[41] Laurent-Désiré Kabila.

[42] En langue kiswahili : « mzee ».

[43] En remplacement de « Zaïre » (1971-1997).

[44] Ernesto Guevara, *Journal du Congo*, mille et une nuits, 2009.

[45] Antoine Gizenga, *Ma vie et mes luttes*, L'Harmattan, 2011.

SOUS LE SIGNE DE LA VIERGE[1]

[1] Signe astrologique : Vierge (du 23 août au 22 septembre).

L'embrasement du monde

Septembre 2007. Il y eut des bouleversements dans le monde. Des menaces. Les généraux birmans qui emprisonnaient le Prix Nobel Aung San Suu Kyi furent ébranlés par la plus grande révolte populaire. Des moines bouddhistes, aux crânes rasés et drapés de tuniques de couleur safran[1], étaient descendus dans les rues pour protester contre l'augmentation des prix de l'essence (+66 %), du gasoil (+100 %) et du gaz (+100 %).

Un peu partout, on avait frôlé une révolution sociale planétaire, aux conséquences politiques. Déjà, la célèbre Révolution française de 1789 avait été *alimentée* par la famine. En 2007, il y eut des *émeutes de la faim* à Mexico ; elles furent reprises dans près de 37 pays d'Amérique latine, d'Asie et d'Afrique. Les prix des matières agricoles et des denrées avaient augmenté sur les marchés internationaux, faisant passer en une année l'indice *FAO*[2] des produits alimentaires de 139 à 219, celui des céréales de 152 à 281 et celui des produits laitiers de 176 à 278. La hausse des prix fut de 50 à 100 % pour le maïs, le riz, le blé, l'huile de palme, le soja, le colza. En cause, les pénuries dues au prélèvement, sur les cultures comestibles, de céréales destinées aux biocarburants. Ainsi, par recherche de profit, on avait préféré alimenter l'automobile, davantage que l'homme ! C'était l'un des effets des spéculations financières, générées par le néolibéralisme des années 1980 et la dérégulation générale : marché du travail, échanges, mouvements de capitaux. La machine s'enraya.

Le 14 septembre 2007, les clients de la banque britannique *Northern Rock* firent la file pour retirer leurs dépôts.

---

[1] Couleur jaune-orangé.

[2] *Food and Agriculture Organisation.* Organisme de l'ONU, basé à Rome, et chargé de l'alimentation et de l'agriculture.

Le 17 juillet, déjà, il y eut la chute des valeurs de l'établissement américain *Bear Stearns*, à cause du pourrissement des prêts hypothécaires *(subprimes)* aux États-Unis. Un an plus tard, la faillite de la banque d'investissement *Lehman Brothers*, le 14 septembre 2008, entraînera une *crise mondiale*. Dont on se souviendra, longtemps.

Mais pendant ce mois de tourmente, la RD Congo pavoisa sa « culture ». Mais à l'extérieur du pays. Septembre 2007 fut l'apogée du *festival YAMBI* pour lequel la Belgique francophone avait consacré toute l'année à la vivacité et à la renaissance du Congo. Ce fut la plus grande manifestation culturelle internationale congolaise en 50 ans. Près de 150 artistes et plus de 300 événements : théâtre, danse, jazz, percussions, chansons, peinture, photo, vidéos, installations plastiques, sculptures, littérature, conte, cinéma, chant choral, rap, danse contemporaine, BD. Toute la vitalité et la créativité du Congo[3].

« Yambi, c'est la foi dans le talent des artistes, foi dans leur volonté de rentrer au pays pour y développer leur talent et y renforcer leurs racines. Trop souvent, lorsqu'il est question du Congo, terrain d'exercice privilégié pour l'action humanitaire, la compassion ou l'indignation, des images douloureuses défilent : enfants soldats ou sorciers, femmes en souffrance, hommes en armes [...] Quant aux richesses du sol et du sous-sol, elles sont souvent synonymes de violences, d'exploitation, de contrats léonins voire de prédation pure et simple. Tout cela, la presse l'évoque à longueur d'année, et elle devrait le faire plus encore, pour qu'il soit mis fin à l'injustice depuis trop longtemps faite à ce peuple [...] Une autre réalité congolaise : une formidable somme de talents, de créativité artistique, d'imagination. De qualités humaines aussi. Car [...] tout n'est pas que douleur et misère ; on peut rire, de préférence avec des amis, s'amuser, vivre en famille, se promener [...] tout simplement être heureux. Car les Congolais, si souvent

[3] http://www.yambi.be.

accablés par le sort, ont aussi le génie du bonheur. Dès que le vent cesse de souffler, ils se redressent, s'organisent, se remettent au travail, parfois en désordre, et, « en tout cas », ils se débrouillent et s'entraident.[4] »

En septembre aussi, des rayons de librairies furent garnis avec la traduction française des mémoires de William T. Close : *« Médecin de Mobutu - Vingt ans au Congo parmi les puissants et les misérables »*[5]. Un récit simple de choses déjà connues, mais qui expliquait la colère du dictateur lorsqu'il ferma l'université et envoya les étudiants à l'armée : ils avaient moqué Mama Yemo, sa mère nourricière, en divulguant un secret de famille :

« L'illustre patient n'avait jamais connu son père. Sa vénérée mère avait été une *compagne de confort* des voyageurs qui s'arrêtaient dans le village. »

Kinshasa brûle-t-elle ?

Septembre, à Kinshasa, est un mois charnière. Les écosystèmes basculent de la couverture végétale séchée à de jeunes pousses vertes et vigoureuses. C'est le dernier des cinq mois de la grande saison sèche. C'est aussi le début de la seconde crue annuelle du fleuve provenant des pluies tombées sur ses affluents de l'hémisphère Nord.

C'est surtout le début de la longue saison pluvieuse. Les canalisations des eaux naturelles dans la mégapole, essentiellement plate, sont restées les *éléphants blancs* de la colonisation. Inachevées et jamais entretenues, envahies et obstruées. Les averses font déborder les rivières et inonder les rues.

Des érosions forment des *têtes* capables d'avaler des chaussées et des habitations entières.

---

[4] Colette Braeckman, *Génération Congo*, Le Soir, septembre 2007.

[5] Éditions Le roseau vert.

Septembre 2007, Kinshasa avait aussi frôlé un embrasement social. Les usines *Congotex* et *Utexafrica*[6] venaient de fermer définitivement.

« Les Chinois étaient devenus co-actionnaires de *Utexafrica*. Il fallait investir pour moderniser, mais ils ont refusé de mettre la main au porte-monnaie, l'entreprise a fait faillite et ces mêmes Chinois se sont mis à importer des pagnes de leur propre usine de textile au Nigéria. En fait, ils n'étaient venus que pour couler Utexafrica[7]. »

Cette année-là, plus de 10.000 emplois dans le textile furent supprimés.

[La culture du coton avait été introduite en 1913, et connut un tel succès que la fibre fut dénommée *« l'or blanc »*. La production de 180.000 tonnes par an provenait de 630.000 exploitants… La filière cotonnière avait décliné après 1960. Bien plus tard, arrivèrent les Chinois. Leurs textiles étaient partis à la conquête du monde à la faveur de leur admission, en 2005, à l'Organisation Mondiale du Commerce avec la fin des quotas et des contingentements. Il y eut des contrefaçons et une concurrence déloyale incroyablement agressive envers l'Afrique ; les prix chinois étaient subventionnés par des provinces qui privilégiaient le fonctionnement des usines et l'emploi d'une abondante main-d'œuvre[8]. Un *écru*, tissu de coton brut, était vendu plus cher que le pagne multicolore imprimé sur le même matériau. Le message à l'Afrique était clair : « Achetez chinois, et fermez vos usines !][9]

On apprendra, plus tard, que les Chinois négociaient, en cachette, la reconstruction du Congo. Ils avaient *donc* commencé par éradiquer une industrie ! Un présage !

---

[6] *S'Intexkin* - Lubumbashi ferma, ne laissant que *Sotexki,* à Kisangani.

[7] Lieve Joris, *Sur les ailes du dragon, voyages entre l'Afrique et la Chine*, Actes Sud, 2014.

[8] Notamment les provinces de Shandong, Jiangsu, Henan et Zhejiang.

[9] M. Yabili, *Le Géant d'Afrique, le géant d'Asie, L'Harmattan, 2012.*

Des pauvres et des néo-riches

Les sacrifiés du *Textile* étaient noyés dans une misère multiforme et de masse. Des Congolais disaient, par exemple, « ici, on ne vit pas ! On se contente d'exister ! » Pour certains, « il n'y a plus rien ! Et même rien, il n'y a plus ![10] ». Effectivement, ils survivaient à d'incessantes calamités. Certains y voyaient des capacités de résilience[11]. Mais pour d'autres, l'enchaînement de générations meurtries les aurait rendus résignés et désespérés. Ils ne recouvraient un peu de dignité que par de soudaines explosions de violences sauvages qui exprimaient de l'impatience à la « réduction de la pauvreté » et à la reconstruction promises par une autorité qui dilapidait des ressources publiques.

[La débrouille et l'instinct de survie ont des rôles de pneu de secours. C'est un dépannage ! Mais lorsqu'ils durent trop et deviennent permanents, c'est de la perversion et du poison.]

Le Congo profond mourait. Au propre comme au figuré.

Mais en silence[12]. C'est en septembre 2007 qu'on apprit que la troisième épidémie d'Ebola avait sévi à Mweka et à Kampungu, au Kasaï occidental. Mortelle à 77 %, la première épidémie de fièvre hémorragique en 1976 à Yambuku (dont la rivière a donné le nom à la maladie) avait fait 318 malades, dont 200 morts. Celle de 1995 à Kikwit, 315 malades et 250 morts. Celle de 2007, 166 morts en quatre mois, sans que la capitale Kinshasa ne s'en aperçoive[13].

---

[10] Ngama Mukonkole (+), employé de Walter N.

[11] Capacité de se relancer, de se reconstruire, après de dures épreuves.

[12] En 2010, le Congo sera incapable de payer la totalité des 1,3 million USD de contribution forfaitaire pour obtenir les vaccins gratuits de la *GAVI* (*Global Alliance for Vaccines and Immunisation).* Le Soudan et le Congo seront les seuls pays africains à dépendre de l'aide internationale pour les vaccins. Par manque de ces dons, en 2011, une épidémie de rougeole fera cent morts sur 21.000 cas dans 5 provinces. Il s'écoulera six mois sans réaction du pouvoir.

[13] Le Katanga, malgré un gouverneur flamboyant, connaîtra des épidémies de rougeole et de choléra et devint la zone la plus affectée d'Afrique.

Inconscient des drames réels, le gouvernement s'était plutôt empressé de décréter, pour la même province du Kasaï Occidental, trois jours de deuil national suite à la mort de 120 passagers clandestins d'un train de marchandises le mois précédent, à Kakenge, entre Ilebo et Kananga[14].

[À cette occasion, l'impulsif et fraîchement élu Nicolas Sarkozy transmit un message de condoléances.]

Toujours en août 2007, débuta une grande perversion:

[Le seigneur de guerre Kyungu Kasongo Mutanga alias Gédéon avait été escorté à Lubumbashi par la MONUC le 12 mai 2006. Après moult tergiversations de ses protecteurs, son procès s'ouvrit enfin le 7 août 2007. Après 64 audiences, il sera condamné en mars 2009 à la peine de mort pour crime contre l'humanité, mouvement insurrectionnel et terrorisme. On le laissera s'évader en 2011 pour devenir vigile des résultats des élections ; il reconstituera une milice armée, les *Kata-Katanga*, qui se livrera à de nouvelles atrocités et qui entrera dans la ville de Lubumbashi en mars 2013. Ses hommes seront amnistiés en 2014. Gédéon lui-même se rendra en novembre 2016 en déclarant : « *J'ai un parti politique avec des milliers et des milliers de membres. Nous allons soutenir la majorité présidentielle qui est notre famille politique. Je suis aux côtés du (président)*[15] ». Il jouira d'une liberté dorée, sans grâce présidentielle légale ; la manifestation d'un *État parallèle*.]

Septembre 2007, d'autres démons hantaient la bonne gouvernance. Le Congo vivait sa première année de sortie de guerre avec des élections et de nouvelles institutions. Le monde avait accouru avec des moyens importants pour relancer le *Géant d'Afrique* et apporté des recettes équitables et de bon sens élémentaire. Ainsi, les *Occidentaux* avaient

---

14 La nuit du 1er au 2 août 2007.

15 www.afriwave.com/2017/03/30/gedeon-kyungu-mutanga-la-majorite-presid entielle-est-notre-famille-politique-et-je-suis-aux-cotes-de-joseph-kabila/

invité les élus de 2006 à la retenue. À ne pas heurter la pauvreté des gens : ni dépenses somptuaires ni véhicules de luxe. Mais ces recommandations furent aussitôt oubliées et rejetées. On assista à l'avènement de *néoriches* arrogants :

[Il suffit de voir les fortunes qui ont fait jour. On est littéralement abasourdi par l'impossible saut en avant effectué par certains quand on voit d'où ils viennent[16].]

Les Occidentaux avaient fait établir, après « des consultations participatives des populations », des feuilles de route pour la réduction de la pauvreté et le développement durable dans les onze provinces du pays. Mais les *néoriches* tournèrent le dos aux *Documents de Stratégie de la Croissance et la Réduction de la Pauvreté (DSCRP)*. Ils préférèrent le culte de la personnalité ; ils saupoudraient les masses de dons à applaudir et à louanger :

[La pauvreté et les libéralités amènent la population à ressentir qu'elle n'a pas de droits ; de leur côté, les politiciens considèrent le pouvoir comme un bien et leur propriété. Il se creuse un fossé entre élus et électeurs[17].]

Le *gouverneur* du Katanga *(Mos)* sera le héros d'un film[18] où il incarne, jusqu'à la caricature, le *néoriche*[19].

[Bouteilles de champagne à son nom, de l'eau minérale importée d'Europe pour ses joueurs de football, un parking d'une cinquantaine de voitures, des dizaines de chiens importés et nourris d'aliments importés, et même, une écurie de chevaux alors qu'il n'était jamais monté à cheval.]

L'homme avait fait des émules :

---

[16] T. Kin-Kiey Mulumba, *Le Soft International,* Nr 1095, 25 mars 2011.
[17] Delly Sessanga Hupungu, *La voie du changement,* L'Harmattan, 2011.
[18] *Katanga Business*, film de Thierry Michel, 2008.
[19] En septembre 2017, Alexander De Croo, alors ministre belge dira que *« le Congo n'est pas un État, mais un système d'enrichissement personnel ».*

[À Lubumbashi, les députés du nouveau parlement du Katanga s'étaient octroyés, comme rémunération, la moitié des recettes du budget de la province[20], un véhicule à la prise des fonctions et un autre à la fin de leur mandat. Ils acclameront *Mos* : « plus jamais l'on ne parlera d'un Katanga riche, mais plutôt des Katangais riches ! »[21]]

Les Occidentaux avaient annoncé des aides et financements en milliards... Mais des murmures autour d'une pluie de milliards chinois favorisèrent des rapports incestueux entre la démocratie naissante et les nouvelles richesses individuelles sur le divan de la reconstruction et des infrastructures.

[Bardés de la puissance que confère l'argent et de la déification auprès du bas peuple, ils dépenseront sans compter dans les apparences et la démagogie. Ils négocieront tout, toujours mal et sans vision du long terme.]

Le *gouverneur (Mos)* consacrait ses apparitions publiques à battre une campagne électorale précoce et permanente pour le président élu, en répétant le slogan selon lequel il reconstruirait le pays par *Cinq Chantiers*. *Mos* débuta son mandat avec l'inauguration d'un marché à la cité de Katuba à Lubumbashi :

[Voilà les *Cinq Chantiers* ! (NB. promis lors de sa campagne à la présidence). Je sais que vous n'aviez pas tous voté pour lui en 2006. Il faudra l'élire à 100 % en 2011 !]

Septembre 2007 avait débuté par un incident spectaculaire de la nouvelle ère des *néo-riches*. *Mos* avait acquis un aéronef. Son tout premier. À grands frais, et avec un équipage basé à l'étranger. Il effectuait des missions officielles à Kinshasa, à ses frais. Une folie dépensière. Par un vol retour de nuit, l'avion ne put atterrir à Lubumbashi :

---

[20] *La Prospérité*, avril 2007.

[21] *La Croisette*, mai 2007.

[Par heureuse prévoyance, les réservoirs avaient été remplis au-delà des besoins du vol de deux heures Kinshasa-Lubumbashi ; l'avion tournoya une heure puis rejoignit Johannesburg en deux heures. Total cinq heures !]

L'incident fut le premier d'une série qui en fera l'unique politicien à se plaindre d'incessants harcèlements et sabotages, de tentatives d'empoisonnement et de meurtre. Voire d'antisémitisme ! Un fonds de commerce politique :

« Un si brave homme ! Il aurait été accidenté « au moment précis de la réalisation des *Cinq Chantiers* du chef de l'État ! »

Même la paranoïa de Mos ! Tout ramenait aux *Cinq Chantiers*. Et tout préparait une arrivée tonitruante. Laquelle ?

Des nuages d'anomalies

La crise des premières années de l'indépendance avait été nommée « congolisation ». Mais les remplaçants de Mobutu avaient immergé le pays dans une crise plus étendue et plus longue ; mortelle pour les hommes, les institutions et l'économie. Comme les richesses naturelles alimentaient les perversions, des partenaires extérieurs avaient suggéré des réformes. À commencer par la transparence.

Le 3 septembre 2007, une ordonnance présidentielle créa un *Comité National de l'ITIE*[22]. On récupérait la graine que le perdant des élections de 2006, Jean-Pierre Bemba[23], avait semée deux années plus tôt[24] en se rendant à Londres à la première grand-messe[25] sur la transparence dans l'industrie extractive afin de conjurer la malédiction des ressources naturelles. En 1997, alors que Bemba était parti en exil, la RD

[22] Initiative pour la Transparence dans les Industries Extractives.

[23] En mai 2008, il sera emprisonné 10 ans par la Cour Pénale Internationale.

[24] En mars 2005, au deuxième symposium de l'*ITIE* à Londres suivi, en mai, d'un forum international pour l'application de l'*ITIE*, à Kinshasa.

[25] Initiative publiez ce que vous payez de Georges Soros, récupérée en ITIE par Tony Blair, Premier ministre britannique.

Congo aurait-elle été libérée et convertie à la bonne gouvernance ? La prudence était conseillée.

[Oui, mais… Une graine plantée peut être oubliée sous terre. Parfois même, la porte que l'on ouvre peut-être fermée sur davantage d'opacité.]

Le lendemain, le 4 septembre, la Chine remit à la RD Congo l'*Hôpital de l'Amitié Sino-congolaise* : un don de 6 millions USD, 150 lits, 41 médecins congolais et 17 médecins chinois en provenance de la province du Hebei. Les premiers soins allaient débuter « dans un avenir très proche ».

Quelques mois auparavant, la presse distilla un rôle plus important d'un obscur partenaire ressemblant à Pékin :

« Les ressources naturelles incommensurables qui attisent les convoitises du monde sont à tort considérées comme des chasses gardées d'une certaine puissance du monde. Elles sont, pour le peuple congolais et son gouvernement, des gages suffisants pour solliciter aux nations émergentes les partenariats dont ils ont besoin afin d'arracher ce pays à la pauvreté et au sous-développement endémique… »[26]

Cependant, il s'agissait de la deuxième inauguration du même hôpital ! C'était anormal.

La première remise avec tambours et trompettes eut lieu le 2 juin 2006 ; l'ambassadeur Zhu Liying remit les clefs de l'établissement au vice-Président Yerodia Abdoulaye Ndombasi.

Avait-on repris la campagne électorale ?

« Tous ceux qui ont tourné les *Cinq Chantiers* du chef de l'État en dérision sont invités à se rendre compte que les choses se concrétisent ! »

---

[26] Clément Vidibio, http://www.digitalcongo.net/article/45543.

Rayonnant, le nouvel *élu*, en personne, présida la cérémonie. Il proclama, triomphalement et *urbi et orbi* :

« Le train de la reconstruction a démarré ! »

On apprendra, plus tard, que le 4 septembre, il n'y avait pas de machinistes à bord de la locomotive chinoise. Malgré la double remise de 2006 et de 2007, rien n'était prêt pour un hôpital « *livré clefs en main* ». C'est ce que révélera, des mois plus tard, le médecin et Professeur Xilin Zhao. Il convoquera la presse chinoise et congolaise pour exprimer son *ras-le-bol* :

[Déjà, nous avions commencé par attendre un an, avant que le gouvernement ne nous trouve des logements à Kinshasa. Finalement, six médecins sont arrivés en octobre 2007 et les autres, le 12 mars 2008. Nous avons signé un protocole d'accord le 6 février pour obtenir toutes les autorisations d'exercer. Mais on nous demande de nous inscrire d'abord à l'Ordre des Médecins. Et là, ils nous exigent des diplômes et des certificats d'études qu'on ne nous avait jamais demandés auparavant. Bref, on est bloqué. On n'a même pas accès à l'hôpital. On ne sait même pas entretenir le matériel ni établir une liste de ce qui serait utile…][27]

Cette histoire d'hôpital était étrange.

« C'était extraordinaire ! Le Congo ne se hâtait même pas lentement pour les soins à sa propre population. Il brûlait la politesse aux précieux amis Chinois, malmenant et exaspérant des médecins qui devaient lui servir à faire de l'ombre aux *Occidentaux*. On dit : « chassez le naturel, il revient au galop ! » Le régime était gangrené par l'absence de volonté politique, de sérieux et de vision, d'État et de gouvernance ! »

Une question brûlait les lèvres : pourquoi reprendre, avec grand bruit, la remise de 2006 qui était encore incomplète ? Pourquoi ces anomalies ? Qu'est-ce qu'on cachait ?

---

[27] Matshi, *Le Potentiel,* Nr 4303 du 8 avril 2008.

« Était-ce une démonstration de force, à l'exemple des gladiateurs qui faisaient un tour d'honneur dans l'arène ? Ou des lutteurs qui roulent les muscles ou des sportifs qui s'échauffent avant une épreuve ? C'est ainsi qu'on agirait si on avait un *agenda caché.* »

En 1971, Mao Tsé Toung avait remercié l'Afrique d'avoir porté la Chine sur ses épaules afin qu'elle soit installée à l'ONU, à la place de Taiwan. En retour, la Chine porterait les Africains sur les épaules avec son image forgée par les guerres de libération des années 1960. Cela allait comme un gant aux héritiers d'un *Vieux* qui aurait mené la dernière guerre de libération contre Mobutu, puis contre ses propres mentors de Kigali et de Kampala. Immanquablement, l'anti-occidentalisme et les techniques de guérilla avaient aussi des héritiers. Ils ne se préoccupaient pas du fait que la Chine elle-même était devenue capitaliste…

[*L'Hôpital de l'amitié* était une sorte de sucette à la *stevia,* le nouvel édulcorant. Après l'avoir lapée, les programmes des *Occidentaux* auraient un goût amer, voire repoussant.]

Une chose était claire. Le 4 septembre lançait la « reconstruction » avec les « Cinq Chantiers ».

Avec la Chine.

Avec beaucoup d'anomalies et d'arrière-pensées.

La sortie du tunnel était en vue

Il faut lire les journaux, longtemps après leur parution.

Le 5 septembre 2007, un hebdo[28] avait évoqué un lien probable avec la cérémonie chinoise de la veille. Kinshasa attendait, le 19 septembre, une mission d'experts du département Afrique du *Fonds Monétaire International (FMI).*

---

[28] Alunga Mbuwa, *lesoftonline.net* 5 septembre 2007

[Le cheminement chaotique et sanglant du Congo avait masqué le fait que dès 1996, les bailleurs de fonds avaient rectifié leurs tirs à la suite des échecs des *politiques de réajustements structurels*[29] et de l'accumulation de dettes que les pays ne sauraient pas payer. En 1997, le sommet du G7 à Lyon lança l'« initiative PPTE » (*iPPTE*) en vue de ramener les dettes à des niveaux tolérables, moyennant la « bonne gouvernance » de *Pays Pauvres Très Endettés.* Les annuités sont rendues « soutenables » pour que le pays les honore, par discipline budgétaire. À la suite d'une décision du sommet du G8 en 2005, l'*iADM* (initiative d'allégement de la dette multilatérale) a effacé la totalité des dettes auprès du *FMI*, *BM* et *FAD* (Fonds africain de développement). Désormais, au lieu de payer l'extérieur, les remboursements resteraient dans le pays pour bénéficier aux populations dans des projets visant à réduire la pauvreté[30] et à favoriser la croissance ! Les montants, objectifs et programmes des remboursements sont identifiés dans un *Document de Stratégie de la Croissance et la Réduction de la Pauvreté (DSCRP)*, élaborés en transparence après consultation des populations ».]

Cette visite du FMI était de très grande importance, et la date, une échéance majeure. Sa réussite préoccupait le gouvernement *légal.*

Kinshasa avait déjà obtenu un report de la rencontre prévue pour le 30 juin 2007, afin de mieux se préparer.

Et même, Athanase Matenda Kyelu, le ministre des Finances, se surmena tellement à ce travail capital qu'il s'effondra en public[31] le 25 août 2007, en pleine réception de mariage. Il fut envoyé en repos dans le Nord Pas-de-Calais en France.

---

[29] Ces programmes, décriés pour les pays en voie de développement referont surface dans les années 2010 pour s'appliquer même à des pays industrialisés, dont la Grèce.

[30] M. Yabili, *Le Géant*, op.cit. ; *Chroniques*, op.cit.

[31] L'accident de santé lui arrivera trois fois, la dernière, le 11 novembre 2009 en pleine séance de l'Assemblée nationale.

Les dossiers *FMI* seraient prêts le 19 septembre. Matenda avait énuméré les 5 balises de ce cheminement :

1. Le Congo allait signer son deuxième programme triennal (2008-2010).
2. Selon la Commission Interministérielle chargée du suivi des réformes avec le *FMI (CISPI),* le Congo atteindrait, dans les six mois, le *« point d'achèvement »* de l'*iPPTE*[32].
3. Cette étape autoriserait l'effacement de près de 90 % des 11,5 milliards USD[33] de la dette publique extérieure.
4. À ce stade, le Congo serait rééligible aux financements.
5. Enfin, le pays sortirait du tunnel.

Les choses étaient simples et claires. Prévues et acceptées par la RD Congo.

Pourquoi des dons, si on peut s'endetter ?

Depuis son retour au Congo, en 2001, tous les financements de la Banque Mondiale (BM) furent des dons. On oublie souvent, en effet, que cette institution a pour but de combattre la pauvreté ; les bénéfices réalisés sur des prêts sont réutilisés dans des programmes sans remboursement.

Ce qui était attendu en septembre 2007 devait rapporter au Congo cinquante fois la valeur du nouvel hôpital chinois. La *Banque Mondiale (BM)*[34] donnerait 300 millions USD[35] pour un « impact visible et immédiat sur les populations ». Cette prime, annoncée en 2006, bénéficierait au vainqueur des élections qui conforterait son autorité.

[Réhabilitation et modernisation du transport de l'électricité de Inga vers le Katanga ; accroître éventuellement l'accès de

[32] Initiative pour les Pays Pauvres Très Endettés (iPPTE).
[33] Stock de la dette en décembre 2006.
[34] Dont fait partie la Chine.
[35] En octobre 2007, la *BM* accorda un don de 296,7 millions USD pour le *Projet en appui au développement du marché de l'électricité pour la consommation domestique et à l'exportation (PMEDE).*

la majorité de la population de l'intérieur à cette énergie, et tirer une nouvelle ligne entre Inga et Kinshasa en vue d'y mettre fin aux délestages chroniques de courant électrique.]

Kinshasa ne serait plus jamais dans le noir ! Cela aurait été comme un miracle qui redonnerait la vue à des aveugles.

En face, la Chine avait annoncé, une « aide d'urgence à la reconstruction » de seulement 2,5 millions USD !

Mais cette somme lilliputienne gonflait les ailes de Congolais qui n'en avaient pas. Ou qui ne savaient pas encore battre des ailes. C'est ainsi qu'en ce mois de septembre 2007, le nouvel élu, en personne[36], signa une commande imprévue et qui avait été sollicitée par des Sud-Africains.

Il s'agissait de 200 millions USD[37] attribués à la firme *ABB Holding*[38] pour des prestations similaires que la *Banque Mondiale* aurait fait bénéficier gratuitement[39].

Un État désargenté qui préférait s'endetter alors qu'il pouvait ne pas débourser était une anomalie. Une de plus…

Déjà, début 2007, le nouvel élu décidait tout seul, « comme un grand ».

[L'élu passa ses premiers 80 jours, sans gouvernement, à exercer un pouvoir absolu. Non seulement immérité, mais surtout sans partage ni reddition des comptes. Une durée suffisamment longue pour installer un véritable *État Parallèle,* et ancrer des habitudes étonnamment inhabituelles et une confusion des institutions qui allaient empoisonner durablement la vie politique et l'imaginaire collectif.]

---

[36] Le Chef de l'État ne signe pas seul. Il lui faut le contreseing du 1er ministre.

[37] Son proche avait des liens solides avec l'Afrique du Sud d'où il était venu.

[38] *ABB* avait livré la ligne Inga-Shaba/Katanga en 1982. Le contrat de 2007 n'aura pas de suite. *ABB* bénéficiera en 2010 de commandes sur le crédit *BM* de 107 millions pour les stations de conversion/reconversion de la ligne Inga-Katanga et 8 millions pour la livraison de transformateurs pour 6 sous-stations de la ville de Kinshasa.

[39] Soutirage de la ligne Inga-Katanga à partir de Tshimbulu, pour desservir les deux Kasai. Deux autres projets avec *ABB Holding* concernaient les centrales électriques de Kimwenza et de Zongo. Ce site deviendra un prêt des Chinois.

Il décida, seul, de sortir de la guerre civile et des schémas éprouvés pour l'intégration dans l'armée des rebelles tutsis. Il leur créa un statut de « mixage ». Ils eurent une armée dans l'armée congolaise, avec leurs propres officiers et leur propre mission de combattre les miliciens hutus rwandais, sur le territoire de la RD Congo !

Cette formule remplaça le *brassage* réussi par les *Occidentaux*, notamment, au Mozambique[40]. Mais le nouvel élu savait tout et il pouvait tout faire ; tout seul.

[Malheureusement, la sagesse et l'intelligence ne proviennent pas des urnes.]

Le *mixage* triompha le 30 juin 2007 à Goma, avec le chef rebelle Laurent Nkunda qui trôna à la tribune officielle pour le défilé de l'Indépendance.

Mais en ce début de septembre 2007, le cocktail était devenu *Molotov*. Le courant ne passait plus avec les Tutsis. Imperturbable, le nouvel élu, le grand maître, poursuivit ses propres impulsions et leva l'option militaire :

[Tant pis pour les *Occidentaux* et leur solution politique. 20.000 hommes pourraient réduire les 4.000 rebelles tutsis.]

Ce fut la débâche[41] !

---

[40] Avec l'expertise et l'expérience des Pays-Bas.

[41] En novembre 2007. « Six mille soldats furent engagés dans la bataille de Mushake. La moitié a été mise hors de combat : 2.600 militaires ont été tués dont 2.000 policiers en tenue militaire et 600 éléments de la garde républicaine. S'y ajoutent 600 blessés. Le matériel saisi par les rebelles est également impressionnant : 6 tonnes de munitions, dont des munitions d'hélicoptères, 45 blindés, 20 lance-roquettes, 15.000 caisses de grenades, 6.000 caisses de fusil militaire FAL, ainsi que 15 missiles sol-air. » Colette Braeckman http://blog.lesoir.be/colette-braeckman/2007/12/27/larmee-congolaise-est-rongee-par-le-soupcon-de-trahison/

LA « THÉORIE DES EXOPLANÈTES »

Des anomalies révèlent des vérités

Septembre 2007.

Les anomalies s'accumulaient sur Kinshasa comme des nuages annonciateurs de la seconde crue et de la grande saison des pluies. C'était l'ordre normal. On ne les remarquait plus. Il en est de même avec les 300.000 battements quotidiens du cœur ; on ne s'en aperçoit pas ! Mais le jour où l'on sent des pulsations, c'est qu'on a un problème de santé. C'est ainsi qu'une anomalie peut être une réalité…

Lorsque Henry Morton Stanley s'approcha du missionnaire disparu qu'il n'avait jamais vu, il savait néanmoins que ce ne pouvait être une autre personne. Il leva son chapeau et dit : « Monsieur Livingstone, je présume ? ». De leur côté, les juges des tribunaux de tradition latine acceptent pour preuve de culpabilité des « présomptions, graves, précises et concordantes ». Pour ceux de tradition anglo-saxonne, l'innocence est établie « hors de tout doute raisonnable ».

Le prix Nobel de physique 2019 a éclairé un nouveau mode de preuve[1]. Des anomalies répétées peuvent établir l'existence de choses invisibles.
« C'est le cas en astronomie et en astrophysique lorsqu'on recherche des planètes au-delà du Système solaire. Ces astres sont totalement invisibles parce que leur éclat est absorbé par celui des étoiles autour desquelles ils gravitent. Mais si l'on perçoit que la luminosité d'une étoile éloignée baisse avec régularité, ce clignotement, parfois infime, est une anomalie qui indiquerait la gravitation régulière, autour de l'astre, d'un autre corps céleste. Cela établirait l'existence d'une planète, appelée *« exoplanète »*[2]. Cette preuve indirecte est plus riche que la présomption de la « face

---

[1] « La théorie des exoplanètes » est une suggestion de l'auteur.
[2] *51 Pegasi b (ou Dimidium)*, la première exoplanète découverte en 1995.

apparente de l'iceberg » qui signifie que huit neuvièmes du bloc visible de glace existent sous les eaux. Avec les *exoplanètes* il n'y a aucun indice direct ou visible. L'anomalie et sa répétition prouvent une réalité ! »[3]

[Les scientifiques d'exobiologie et d'astronomie parlent de *méthode de transit planétaire* ; la masse de l'exoplanète est déterminée par la méthode des *vitesses radiales*.]

L'histoire s'écrit habituellement par l'enchaînement d'événements bien visibles et perceptibles qui sont prolongés et éclairés par des faits antérieurs. Il se crée et s'installe des mythes que le *copier-coller* élève au rang de l'histoire. C'est le cas de l'enrichissement personnel de Léopold II, alors que la manne financière fut récoltée pour les caisses et le portefeuille de l'État. C'est la mort violente de Lumumba dont on attribue la responsabilité morale à l'étranger, sans une culpabilité matérielle et interne au pays.

Les archives officielles transmettent l'histoire officielle. On peut penser qu'elles ne reflètent pas la vérité, lorsqu'elles relatent les faits et gestes des dirigeants politiques. Cependant, de nombreuses données sont fournies parce qu'on n'en suspectait pas le caractère compromettant devant les générations futures. C'est ainsi que, par expérience, les archives, dans le monde entier, parlent toujours. Il peut manquer des pièces à un puzzle, mais elles fournissent des ébauches de formes permettant de reconstituer l'histoire.

Le problème se pose pour l'histoire immédiate. On ne dispose pas de suffisamment de recul pour identifier les causes de leurs conséquences ; il faut attendre des dizaines d'années et le déclassement des documents officiels.

Mais au Congo, l'histoire connaît constamment des accélérations, des tournants et des revirements.

Et, surtout, il n'y a pas d'archives, au Congo…

La déficience commence par les comptes rendus de séances. Ce fut le cas avec la constitution de 2006.

---

[3] In Yabili, *Chronique*, op.cit.

[La proposition de fixer à 40 ans l'âge d'éligibilité, alors qu'un candidat n'aurait eu que 35 ans, a poussé ses délégués à dire : "c'est à prendre ou à laisser ; si c'est 40 ans, nous reprenons la guerre". Si cet incident avait été consigné, il aurait éclairé le culte de la personnalité, la personnification des institutions et les cultures de ruse et de conflictualité qui entravent le pays.]

Les travaux préparatoires sont très utiles pour mieux connaître et appliquer des lois, souvent, imprécises.

[L'allocation aux provinces de 40 % des recettes publiques, avec prélèvement à la source qui n'a jamais été appliquée. Une analyse utile[4] ne peut traduire qu'il s'agit d'un compromis arraché au président de séance[5]. Mais les travaux préparatoires de la constituante n'existaient plus après dix ans[6].]

Le problème est aggravé avec le traitement numérique des textes ; les documents restent dans des mémoires d'ordinateurs[7] où de simples clics les effacent.

Le cas n'est pas unique à la RD Congo.

[Le génocide rwandais de1994 est exemplatif. Il y a, par-dessus tout, l'anomalie du refus par Kigali d'adhérer au *Traité de Rome* de 1998, alors que la *Cour Pénale Internationale* avait été créée, à leur propos, pour poursuivre en permanence les crimes de guerre et les crimes contre l'humanité.

Une autre anomalie est que, pendant des années, il y eut 800.000 victimes « Tutsis » et « Hutus modérés ». Mais le mémorial de Kigali est dédié au seul « génocide des Tutsis », après qu'un recensement de 2000 dénombra 1.074.017 morts du génocide : 93,7 % de Tutsis, 1 % apparentés Tutsis, 0,8 % de gens au faciès tutsi et 0,8 % de Hutus modérés.

Cette précision arithmétique est anormale, car on n'avait jamais retrouvé ni exhumé tous les corps ni procédé à des examens ADN ou anthropométriques pour identifier les Tutsis

---

4 M. Yabili, *50.000 taxes*, PUL, 2016.

5 Monseigneur Pierre Marini Bodho, président de la constituante et du Sénat.

6 La loi organique de la Cour Constitutionelle dont la promulgation tarda avait disparu des archives parlementaires après quelques mois, in M. Yabili, *État de droit, Cour Constitutionnelle*, PUL, 2012.

7 Des boutiques de bureautique composent et impriment des textes officiels.

et les Hutus. L'autre anomalie est que le recensement antérieur au génocide avait dénombré 8.440.820 Rwandais, dont 1.000.000 de Tutsis. Les chiffres de 2000 donnaient plus de morts tutsis que ceux qui avaient été en vie ! En sorte qu'il ne devrait pas y avoir de Tutsis survivants au génocide. Ces anomalies établissent une manipulation de la conscience universelle pour une victimisation identitaire.

En 2021, les archives françaises ont permis de produire un rapport[8] de 992 pages sur les responsabilités « lourdes et accablantes » de la France dans le processus qui avait mené au génocide rwandais. L'anomalie est que Paul Kagame et son armée n'ont pas d'archives semblables et, ipso facto, ils n'ont jamais eu de responsabilités dont ils pourraient répondre, que ce soit envers leurs opposants éliminés sommairement ou à la suite de débordements incessants au Congo voisin[9].]

Avec l'absence d'archives, ce qu'on ne connaît pas, dans l'histoire immédiate, est à jamais perdu. D'où l'impérieuse nécessité de rechercher de nouvelles techniques d'histoire.

Comment faire ?

Il existe des faits connus qui fixent le cadre général des événements ainsi que leurs cours prévisibles. Avec des données connues, on pourrait relever les anomalies et leurs répétitions. En cas de cohérence, ces anomalies pourraient fournir des faits inconnus ayant une valeur historique.

C'est *la théorie des exoplanètes*. Elle est excitante.

Elle est appliquée aux événements de septembre 2007.

Une dynastie et des héritiers

En septembre 2007, tout était anomalies. Kinshasa évoluait entre deux eaux, en clair-obscur, avec le luxe de l'arrogance

---

[8] *Commission de recherche sur les archives françaises relatives au Rwanda et au génocide des Tutsi*, dirigée par Vincent Duclert.

[9] Dernières publications: Judi Rever, *Rwanda, L'éloge du sang*, Max Milo, 2020; Michela Wrong, Do Not Disturb, *The Story of a Political Murder and an African Regime Gone Bad*, HarperCollins, 2021.

de jouer à cache-cache et à contretemps. Le pays ressemblait à un jeu de Monopoly, et ses habitants, à des quantités négligeables. Cela remontait à 1997.

Vieux, le tombeur de Mobutu avait, alors, bénéficié de la répulsion de la dictature, par naïveté ou complaisance et, plus généralement, par absence de vigilance. Tous estimaient que rien ne serait jamais pire que le régime au pouvoir depuis 32 ans. Et tous s'étaient trompés. À commencer par l'essentiel. Car, selon un proche collaborateur de *Vieux*, « c'est pénible ; il n'a pas la notion de l'État ! » Ancien maquisard, doublé de petit-commerçant-habitué-à-compter-ses-sous et à donner des coups libres et mortels, il exerça un pouvoir personnel et autocratique, d'*atrocités* et de *pitreries*[10], moins par idéologie, que par ses pulsions.[11]

On ne connaîtra jamais toutes les anomalies de *Vieux*.
Par exemple, il avait « donné » les eaux du fleuve Congo ; au Sud, à partir de l'embouchure, vers la Namibie et, au Nord, à partir de Lisala, vers Port-Soudan sur la mer Rouge afin d'alimenter Israël et la Jordanie !
Toujours à l'insu de tous, il marqua l'histoire du Congo avec le plus grand crime économique de tous les temps.
Alors qu'il campait à Lubumbashi, avant la chute de la capitale, les spéculateurs de *l'American Mineral Fields Industry (AMFI)* avaient mis à sa disposition un avion d'affaires. Du coup, le petit plaisir personnel de se prélasser dans un jet valut les richesses illimitées du pays. Il prit un décret *présidentiel* qui attribua à *AMFI* tous les minerais du Katanga, dont toutes les mines de la *Gécamines (GCM)*[12].
Il fut le premier à vendre le pays…[13]

---

[10] Erik Bruyland, *Cobalt blues, la sape d'un géant,* Racine, 2021.
[11] In M. Yabili, *Le géant,* op.cit et *Chronique*, op.cit.
[12] Décret rétracté, mais trop tard : ce fut une marque de gouvernance.
[13] Léopold II avait été accusé de prédation ; cependant, son *Domaine de la Couronne* fut cédé à l'État et les participations dans les entreprises avaient été souscrites au nom de l'État, elles constituent le gros paquet d'entreprises publiques congolaises. Mobutu céda, en 1974, 100.000 Km^2 à l'*OTRAG* pour un projet de

La mesure en faveur d'*AMFI* fut gelée grâce à la bravoure de quelques Congolais de *GCM*, mais elle illustre la profondeur de l'abîme où le pays pouvait être versé par l'inconscience de certains et par l'indifférence de tous.

Vieux reconnut l'anomalie d'avoir pactisé avec un « conglomérat d'opportunistes et d'aventuriers assoiffés d'argent, foyer de médiocrité, enclins à la course effrénée, à l'enrichissement rapide, à la rapine, au pillage. »[14]

Vieux prêchait aussi l'idéologie, très anormale, de l'« économie sociale du marché » avec l'accueil d'investisseurs qui peuvent tout obtenir et tout prendre, à condition de *donner quelque chose* aux populations en écoles, en médicaments. Etc. C'était la concrétisation de la vente biblique du droit d'aînesse pour un plat de lentilles. Ce profil bas fit le lit du *bradage* des ressources naturelles.

On lui attribue la grande anomalie du cycle de « pillage » du pays au profit d'alliés et amis étrangers au moyen d'un réseau d'*élites* qui lui a survécu par le biais de contrats dans lesquels le pays était systématiquement minoré et perdant.

« Au cours de trois années, ce réseau a transféré des actifs représentant au moins 5 milliards USD du secteur minier public à des entreprises privées, sans verser aucune indemnité ni prestation au Trésor public de la RDC ».[15]

Par anomalie, il installa des prédateurs. Il en fit partie.

« Chaque semaine, il recevait au moins 4 millions USD des sociétés minières qui les lui amenaient dans des malles »[16].

Le « syndrome de Wade »[17] entretenait sa mangeoire.

---

lancement de fusées spatiales ; en 1989, il s'appropria des réserves de *Gécamines* (0,5 milliard USD), en échange de la démocratisation !

[14] Journal prorégime l'*Avenir,* in congoforum.be/fr/nieuwsdetail.asp? subitem = 1 & newsid = 157448 & Actualiteit = selected

[15] Rapport 2002 du Panel de l'ONU sur le pillage en RD Congo.

[16] Oscar Mudiayi in Tom Burgis, *The Looting Machine,* William Collins, 2016.

[17] Supra page 13. Le dirigeant rémunère ses décisions prises au nom du pays.

Par anomalie, il s'identifia au Congo en instaurant une structure de sociétés mixtes où l'État était apparemment minoritaire avec 32 % du capital, alors que lui-même se retrouvait dans les 68 % revenant à l'investisseur étranger.[18]

Il attribua au Katanga un tiers des recettes publiques, encaissées dans la province, mais pour se l'approprier. Une vente de cobalt saisi pour le compte de la *Gécamines* finit dans ses poches. Furieux, le commissionnaire mit en vente publique le jet de la *GCM*, et la société se trouva appauvrie par deux fois.

C'est cet homme que la Chine invita en 1997, juste au moment où il était instamment courtisé par Washington[19]. L'ancien Empire du Milieu venait d'opter, en 1995, pour la conquête commerciale du monde, un *going global.* On y parla de la formule magique de prêts *gagnant-gagnant.*

« Les deux parties ont un engagement réciproque, elles disent : tu devrais avoir quelque chose, je devrais obtenir quelque chose »[20]. En chinois, la formule *gagnant-gagnant*, de bénéfice mutuel, se dit « huhui dai kuan ».

Par anomalie, *Vieux* s'empressa de signer un accord « d'encouragement et de protection mutuelle des investissements ». Pékin accorda 30 millions USD. Mais les fonds de ce premier prêt furent destinés à l'entreprise étatique chinoise *Zhongxing Telecommunication Equipment Company (ZTE)*[21] pour développer ses activités[22]. Kinshasa promit, toutes les terres nécessaires. Etc.

C'est ainsi que le levier des rapports des forces entre Pékin et Kinshasa prit un mauvais point d'appui, dès 1997.

La Chine investirait au Congo, mais strictement pour elle-même ! Et sans pitié.

---

[18] In Yabili, *Chronique*, op.cit.

[19] Il voyagea aussitôt après la visite de la secrétaire d'État Madeleine Albright.

[20] Qian Guoqing de la *East Industry* Zone http://chine.aujourdhuilemonde.com

[21] Proche du fameux groupe Huawei.

[22] En téléphonie et agrocarburants.

Lorsque, l'année suivante, la guerre civile éclata, et que Kinshasa fut en grand besoin d'amis, Pékin rappela avec fermeté tout son personnel médical en exercice au Congo. Cet extraordinaire *boycott humanitaire* dura neuf ans... Jusqu'à la remise du fameux hôpital inachevé, en 2006.

Très anormalement, la Chine se permit d'être la seule puissance impliquée directement dans le pillage des ressources naturelles, dénoncé par l'ONU, pour alimenter en cobalt ses entreprises étatiques d'armement[23]. Elle revint au Congo, à partir de 2001, mais pour gagner des marchés de travaux financés par les donateurs internationaux. Elle s'infiltra dans la Mission des Nations Unies (MONUC) ; mais les Bérets Bleus[24] chinois furent surpris dans des opérations d'espionnage minier au Katanga. Sanctionnés et écartés, ils furent aussitôt remplacés[25]. Etc.

Pékin n'a jamais eu de véritable considération pour *Vieux* et son système. Aucun chef d'État chinois ne viendra dans la *grande* Kinshasa, mais il visitera les *petites* Brazzaville et Kigali.

Anormalement, l'axe Kinshasa-Pékin était à sens unique !

En 1928, on avait implanté sur un plateau désert de Kinshasa, la statue équestre de Léopold II qui fixait le regard sur l'arrière-pays avec l'ambition de le construire et de l'exploiter.

Au même endroit se dresse maintenant une statue de *Vieux*, debout, en costume chinois et levant, comme Mao, le bras vers le ciel. Comme s'il indiquait un chemin à la postérité. En plus d'une progéniture naturelle, il eut deux rejetons non biologiques. Un Congolais et un Israélien.

Par anomalie, *Vieux* fit subir au premier[26] un baptême du feu qui l'affranchit de tout scrupule, au point de se déclarer

---

[23] Relations de *NOUCO* avec *NORINCO*. Infra.

[24] Observateurs militaires dits Military Observers ou Milobs.

[25] In M. Yabili, *Le Géant*, op.cit.

[26] Augustin Katumba Mwanke, ici nommé ici Machiavel *(Machi, Mc)*.

disciple de Machiavel *(Machi ou Mc)* et de ne pas s'émouvoir du massacre de ses apparentés ethniques[27]. Il eut la gestion de la cassette de *Vieux* provenant du tiers des recettes de la province du Katanga et de la vente du cobalt de la *Gécamines* ; il fut identifié par l'ONU comme une élite du pillage, notamment avec la Chine. Etc.

[Discret, il ne payait pas de mine : « petit, la voix basse, bégayant par moments, levant rarement, voire jamais, la tête pour regarder l'auditoire ou interagir avec lui…[28]]

Par anomalie aussi, le deuxième[29] débarqua à 26 ans. *Vieux* lui accorda le monopole des diamants. Un marché de 600 millions pour lequel il ne paya que 3 millions ! Il s'accrochera au Congo, telle une tique. Il sera *La Tique*.

Par une autre anomalie, *Vieux* demanda, lors de sa visite à Pékin, en 1997, uniquement la formation militaire de son enfant[30], *Junior*. Pas celle des officiers ni de l'armée congolaise. Comme si, suivant le *syndrome de Wade*, le pays était sa propre famille. Ses enfants en étaient persuadés :

« Notre père a versé son sang pour le pays… Il répétait que c'était nous qui allions reconstruire le pays[31] ».

Et, par anomalie, un enfant lui succéda[32] il sera le *Boss*.

Inévitablement, une synergie existerait entre les trois.

De la ruse, sans volonté politique ni leadership

Le cadre général laissé, en 2001, par *Vieux* est un pays sinistré qu'il fallait reconstruire en totalité, particulièrement en institutions et en économie.

---

[27] Massacre de Pweto, 2004.
[28] Augustin Katumba Mwanke, *Ma Vérité*, EPI, Nice, 2013.
[29] Dan Gertler, ici nommé *La Tique* ou *Tiq*.
[30] Pour toute formation militaire, il séjourna trois mois seulement à l'académie de Changping, près de Pékin, en 1998.Colette Braeckman, *Le Soir*, mars 2001
[31] Zoé Kabila, *Jeune Afrique*, septembre 2016.
[32] Joseph Kabila.

Toute la classe politique avait accepté des réformes structurelles et institutionnelles. Ces programmes bénéficiaient d'accompagnements extérieurs, mais ils furent dévoyés. Parce que « ruser est la force du pauvre contre le riche »[33].

[Les anomalies se manifestèrent dès le début des réformes. Tous les Congolais, même fortunés, avaient attendu que l'étranger leur paie les billets d'avion et les frais de séjour pour les réunions et la feuille de route du nouveau Congo.]

Par anomalie, à chaque étape, ils pratiquaient l'art de transformer les solutions en de nouveaux problèmes plus ardus. Les procédures remplaçaient la réalité et la finalité des institutions qui se transformaient en « éléphants blancs » !

L'« absence de volonté politique » et de « leadership » était elle-même une politique ; celle de la vision d'un perdant.

[L'effondrement brutal de l'Afghanistan sous la poussée des Talibans, en 2021, malgré 20 ans de perfusions des Occidentaux, indiquera que la « volonté politique » et le « leadership » sont la clé du devenir et de la survie des nations.]

Encore par anomalie, aucune aide extérieure n'aida réellement[34]. Les interventions s'évaporèrent comme de l'eau versée sur une plaque brûlante. On n'en tira aucun remède, aucune leçon, aucun bénéfice durable. Pourtant, avec les

---

[33] « Le problème fondamental réside dans "la volonté de faire plus que dans les moyens de faire". Ceux-ci peuvent être fournis par l'aide étrangère, mais sans générer ni même acheter la volonté de faire quand celle-ci est défaillante… Les acteurs (congolais) sont capables de s'adapter, de dévier et de contourner les réformes importées, voire de feindre l'adhésion afin d'en profiter politiquement et financièrement sans devoir les appliquer. "Car ruser est la force du pauvre contre le riche". » Sébastien Melmot, *Candice au Congo, l'échec annoncé de la réforme du secteur de sécurité*, IFRI, 2008.

[34] Théodore Trefon, *Réforme au Congo, attentes et désillusions*, L'Harmattan, 2009 ; *Congo la mascarade de l'aide au développement,* L'Harmattan, 2013. En 2013, la *Cour des comptes européenne* a critiqué les aides au Congo de 2003 à 2011 pour l'organisation des élections de 2006 et 2011, les réformes de la justice et de la police, la refonte des finances publiques, le processus de décentralisation, les projets de développement et l'aide humanitaire.

apports de la *Communauté Internationale* la RD Congo disposa de davantage de moyens et de libertés propres.

Avec cette anomalie, la pluie des interventions de la *Banque Mondiale (BM)* n'a presque rien fait germer ni développer.

[À leur reprise en 2001, les programmes de la *BM* alignaient 13,5 millions USD pour l'éducation, la santé, l'hydraulique, les pistes rurales et les infrastructures urbaines, 55 millions pour les infrastructures, les projets intégrés, les réformes institutionnelles et la lutte contre le Sida. Il y eut ensuite quatre lots de 42 millions, 101 millions, 123 millions et 164 millions. En dix ans, 49 projets totalisèrent près de 3,4 milliards composés essentiellement de dons ! Les quelques crédits remboursables seraient absorbés par l'annulation de la dette[35].]

Par anomalie constante, aucune entreprise publique n'était prospère, ne payait d'impôts et ne remettait des dividendes à l'État. Comme elles jouissaient de monopoles commerciaux, c'est toute l'économie qui était nécrosée.

[De manière caractéristique, les grandes unités de production et de services appartenaient à l'État. Elles auraient pu être des pépinières de grands managers de multinationales.]

L'héritage de *Vieux* perpétua une sorte d'anomalie *génétique* : l'absence de *volonté politique* et de *leadership* et la médiocrité de son « conglomérat »[36], alors que l'urgence et la complexité des enjeux nécessitaient de l'excellence.

[C'était l'opposé du Rwanda, dont la population rentrerait dans la ville de Kinshasa. Kigali exploite tous les *gadgets* : la majorité de femmes parlementaires, le cyclisme, le basket-ball, le numérique, des contingents de Casques Bleus, des vols internationaux, le sponsoring de clubs de football européens, les gorilles de montagne, vaccins ARN-messager, etc. Au point de gagner une réputation imméritée, car le Rwanda n'est qu'un *modèle réduit* qui n'engage pas de volumes financiers et humains

---

[35] Email de Marie Françoise Marie-Nelly, country director, à l'auteur, 2011.
[36] « Que les médiocres dégagent », Cardinal Monsengwo, 2018.

importants, sans être *vrai modèle.* Au-dedans, le principe d'« un homme, une voix » accorde le pouvoir à la majorité, mais à la minorité, le droit à la protection. Au-dehors, le Rwanda mène une « politique de domination géostratégique ». Combien de temps le couvercle de cette marmite tiendra-t-il en place ?]

Jamais et pas une seule fois, les intérêts de la RD Congo ne prévalurent. Systématiquement, toutes les bonnes occasions étaient ratées, les bonnes propositions rejetées. Le Congo s'accrochait au *low profile* d'un éternel *loser.* Etc.

Cela fut démontré par le sort des joyaux du portefeuille de l'État. La *Miba*, ancien leader mondial de diamants industriels et la *Gécamines*, véritable *vache à lait* des finances publiques[37], furent étranglées et désossées.

Machiavel et les valises présidentielles

« Machiavel a dû se retourner, heureux, dans sa tombe, trouvant (en moi) un bel exemple du principe selon lequel la fin justifie les moyens[38] ! »

C'est ainsi que l'Homme, *Machi*[39], vante ses exploits.

« L'État était devenu la propriété de quelques individus. Le travail de *Machi (Mc)* consista à créer un *État parallèle*[40] ».

Désavoué par l'ONU à cause de sa participation au pillage des ressources naturelles, *Pet* ressuscita avec des *exploits* dans l'ombre[41]. Son champ était vaste ; il était « chargé de toutes sortes de missions : négociations, défense, finances, maison civile, directeur et secrétaire de cabinet ».

Il était le pivot, le catalyseur du trio des héritiers de *Vieux.*

Machi reporta sur le fils sa « fidélité » de *chien* envers le père. C'est lui qui le surnommera *Boss (B.)*[42]

---

[37] 40 % du budget public et jusqu'à 75 % des ressources en devises fortes.
[38] Augustin Katumba Mwanke, *Ma Vérité,* EPI, Nice, 2013.
[39] Katumba Mwanke. De Machiavel (*Mc*)
[40] Olivier Kamitatu, in Tom Burgis, *The Looting,* op.cit; confirmé par Vital Kamerhe, président du parlement (2007-2009).
[41] Tom Burgis, op.cit.
[42] Katumba, *Ma Vérité,* Op.cit.

« Que suis-je par rapport au Président ? Je ne vis pas pour moi, je vis pour lui ; rien que pour lui. »[43]

Quant à *La Tique (Tiq)*, c'était son frère à qui il jura de « rester comme un seul, pour toujours. »[44]

Qu'est-ce que la *théorie des exoplanètes* peut révéler avec les anomalies du cheminement de cet attelage anormal ?

Tiq perdit le monopole de commercialisation des diamants. Par anomalie, il obtint un nouveau monopole, pour *Emaxon International,* sur 88 % des diamants de la *MIBA*. Résultat : la production de gemmes chuta de 80 % avant de s'arrêter complètement. Par autre anomalie, *Tiq* reçut 25 millions USD pour le remboursement du prix de 10 millions d'une excavatrice qui ne fut jamais opérationnelle.

En 2004, *Tiq* s'aventura dans les champs diamantifères de l'Angola au moment de la conclusion du tout premier *contrat du siècle*. La Chine construirait des infrastructures payées par des richesses naturelles[45]. Ce fut le tout premier « troc » avec des Chinois. Or les matières premières se trouvaient davantage au Congo, et, en particulier, à *GCM.*

La même année, le plan de la *Banque Mondiale (BM)* pour la relance soutenue et autonome de la *Gécamines (GCM)* arriva à maturité. Allait-on laisser le Congo renouer avec la prospérité, en suivant l'ordre ancien ?

Par anomalie, on joua les prolongations et, par une autre anomalie, on remit au programme de la *BM* une coquille vide. Car entre-temps, et par une extraordinaire anomalie, on avait dépecé la *bête* et cédé à vil prix quatre joyaux miniers[46]. Les bénéficiaires diront qu'ils « avaient pris des risques » ! Pas de risques de perdre leur argent, mais de rater le train du pillage ! *Tiq* et sa *DRC Copper and Cobalt Project (DCP)* reçurent le fabuleux gisement de *Kamoto*

---

[43] *Le Soft* http ://www.lesoftonline.net/phil.php ?id=1168

[44] *Ma Vérité,* Op.cit.

[45] 2 milliards USD remboursés avec 10.000 barils de pétrole/jour.

[46] Kamoto, KOV, Kingamiambo-Musonoi et Tenke Fungurume. Et la *MIBA*.

Oliviera Virgule (KOV), la mine de cuivre la plus riche au monde, par sa teneur exceptionnelle, supérieure à 5 %[47].

À la Saint Valentin 2005, un extraordinaire coup de pouce vint des *Occidentaux*. Incroyable, mais vrai : ils privilégiaient désormais la bonne gouvernance et le développement durable d'un véritable État…

« Les intérêts économiques sont trop faibles pour être le fondement d'une politique avec le Congo… Ce qui compte désormais, c'est le mieux-être des populations et la bonne gouvernance de la part des dirigeants».[48]

Les Occidentaux avaient déclaré forfait ; la voie était libre ! Elle mena droit en Chine. Et *Boss (B)* voyagea à Pékin. Au printemps 2005. Avec *Tique* dans ses bagages !

« *Tique* et Chaim Leibowitz œuvrent à améliorer l'image du régime congolais auprès de l'administration américaine… Les deux compères ont pris un avion de location pour accompagner le président congolais dans sa visite en Chine[49] ».

Voilà une nouvelle anomalie ! Majeure ! Des Noirs au pays de Jaunes étaient déjà fort remarquables. Que dire de deux Blancs au milieu d'une délégation de Noirs au pays de Jaunes ? La *théorie des exoplanètes* indiquait quelque chose d'important qui restait invisible. Mais déjà, et sans conteste, les valises étaient la preuve de l'implication directe et personnelle de *Boss* dans la saga de *La Tique !*

---

[47] Les grandes mines ont des teneurs moyennes de 0,5% avec des pics à 1,5%.
[48] Le Belge De Gucht, *La Malédiction de Kurtz*, Le Soir, 14 février 2005.
[49] http://alexengwete.blogspot.com/2011/07/dan-gertler-non-decaffeinated-defense.html Et http://www.haaretz.com/diamond-in-the-rough-1.153922

La chute du faucon blanc

À Pékin, *Boss (B)* eut des entretiens sur la nouvelle perspective de *troc* des infrastructures contre des mines, des forêts et des hydrocarbures[50]. De son côté, *La Tique* noua, incontestablement, des contacts déterminants pour *KOV*.

Au retour au Congo, tout se précipita, à grandes enjambées.

À l'été 2005, le dossier minier *DRC Copper and Cobalt Project (DCP)* fut approuvé par le Conseil des ministres et fut aussitôt homologué, le mois suivant, par un décret présidentiel. Trente jours plus tard, la *Gécamines (GCM)* fut amputée et des titres miniers furent délivrés à *Tiq*. Du coup, son projet capitalisa plusieurs milliards USD en ressources minières. *DCP* changea sa casquette en *Global Enterprises Corporate (GEC)*. Le mois suivant, *GEC* signa pour *KOV* avec des Chinois de la bien nommée *China Metallurgical Construction Group Corporation (MCC)*. Puis, *GEC* fut absorbée par *Nikanor*. Ensuite, *Nikanor* entra en bourse avec des records de capitalisation.
En 2006, *MCC* s'engagea à apporter, en cinq années, 1,3 milliard USD pour que *KOV* produise 250.000 tonnes de cuivre raffiné, pouvant être portées à 400.000 tonnes et 27.500 tonnes de cobalt par an ; cela, pendant 29 ans. MCC financerait 80 % du projet de *Tiq*, tout en restant minoritaire. Une pilule chinoise au goût amer, sauf pour le titre *Nikanor* qui prit l'ascenseur. Tout était profits pour *Tiq*[51].
Les retombées furent immédiates. Par anomalie d'un marché de gré à gré, le gouverneur *Mos,* un cousin ethnique de *Machi,* obtint 30 millions USD pour les travaux de terrassement de la future raffinerie chinoise. Il pavoisa :

« C'est une bénédiction pour le gouverneur que je suis d'avoir une nouvelle raffinerie, l'une des plus grandes au monde ! »

---

[50] Communiqué de *China Railway Group Ltd* à la bourse de Hong Kong, 2008.
[51] Le terme *Tique* est générique ; il désigne les intérêts qu'il représenta.

Flamboyant, *Mos* annonça 50 milliards d'investissements miniers, dans « sa » province du Katanga, pour les années à venir. Tout était nickel !
Mais soudain, la foudre tomba sur *KOV*, un mois à peine après le lancement en fanfare de la construction de la raffinerie.

[C'était anormal pour la saison. De quoi consulter le féticheur du village voisin sur l'origine et la responsabilité de l'éclair qui déchira un ciel bleu et sans nuages, sous un soleil éclatant, dans un coup de tonnerre assourdissant et retentissant en roulements incessants et terrifiants.]

Les Chinois ne sont pas des Japonais, aux courbettes et gestes polis. Ils n'ont même pas de sourires jaunes ! À cause de la bulle spéculative de *Tiq* qui les maintiendrait en minorité tout en supportant 80 % du financement, *MCC* choisit l'Afghanistan. Elle investirait avec *Jiangxi Copper C° Ltd* 3,5 milliards USD dans la mine *MES AYNAK* pour en extraire 200.000 tonnes de cuivre par an.[52]
Et *MCC* se retira de *KOV*[53]. Avec fermeté ! Ce fut la *mort subite* pour l'univers des affairistes qui gravitaient autour de *Tiq*. Leurs désillusions furent celles de *la laitière et le pot au lait*[54] dont les perspectives de profit s'étaient évanouies avec la chute et le bris du récipient.
Ainsi, moins d'une année après l'entrée fracassante, en Bourse, de *Nikanor*, *KOV* était presque un mort-né !
La Tique (Tiq) tenta de relancer les Chinois, puis de rebondir en ouvrant de nouvelles pistes. En vain. Il était foutu…
[*La Tique* concocta un consortium pour sortir *Nikanor* de la Bourse de Londres[55]. Il emballa *Nikanor* dans *RP Capital* qui

---

[52] Toutefois, le projet peina à démarrer pour des raisons d'insécurité et d'absence de code minier.
[53] http://www.miningmx.com/mining_fin/734308.htm, *Africa Confidential* Vol 48 N°11, 25.05.2007. *MCC* réapparaîtra brièvement en 2008.
[54] Fable de Jean de la Fontaine.
[55] *BusinessFinanceNews* ww.iii.co.uk/news/?type=afxnews&articleid=60437 35 & subject = companies & action = article

s'associa à *Glencore Plc* pour former le consortium *Cosaf Limited.* Puis *Nikanor* fut absorbé et disparut.]

La situation était préoccupante et désespérée…

Machi (Mc) accourut à Pékin pour apporter de l'aide[56]. Cet empressement était une grave anomalie. *Mc* n'avait ni fonction ni pouvoirs pour négocier l'avenir de *KOV*. La *théorie des exoplanètes* invitait à la vigilance. C'était comme si *Mc* et *Boss* avaient des droits et des prérogatives invisibles dans les affaires de *Tiq*… Cela donna à l'anecdote une dimension de *masse critique*. Une réaction en chaîne pouvait produire quelque chose de grand. De *giga* !

Mais la mission fut difficile !

Machi séjourna interminablement pour tenter de recoller les morceaux du *pot au lait*.

Mission impossible ! *MCC* ne broncha pas… Aucun autre Chinois ne voulut porter la *croisette*[57] pendant 29 ans et devenir le « dindon de la farce » de *Nikanor*, en finançant 80 % de *KOV,* pendant que *Tiq* et les autres se sucreraient à la Bourse !

Il fallut bientôt conclure à la « chute du Faucon blanc »[58] !

Nikanor et *KOV* allaient disparaître des écrans radars.

Excepté *La Tique*…

---

[56] *Africa Confidential* (Vol 48 - N° 20, 5 October 2007).
[57] Croix traditionnelle en cuivre, qui servit de monnaie.
[58] Débâcle américaine en Somalie, selon le *film* de Ridley Scott, La *chute du faucon noir*, 2001.

IL FAUT SAUVER LA TIQUE !

Deux années d'anomalies

Passer des semaines à Pékin était déprimant. Malgré les préparatifs des XXIXe Jeux Olympiques de 2008, le paysage urbain n'avait ni profondeur ni perspectives, à cause de l'épaisseur de la pollution ambiante. Les hôtels luxueux étaient froids à cause de lumières et de dorures agressives. *Machi* ne savait même pas se détendre au restaurant : à peine commandés, les repas étaient servis ; il fallait quitter la table, se réfugier en chambre et dans la solitude.

Mais cela aida sans doute à réfléchir. Qui cherche, trouve !

Le chemin parcouru en deux ans avait été impressionnant[1]. La visite à Pékin-2005 de *Boss* n'avait pas eu pour unique secret la présence de *Tique (Tiq)* dans les valises. Les Chinois furent les seuls à avoir été informés de l'option du futur élu « pour le financement de la construction des infrastructures par la remise des ressources naturelles »[2].

Le Congo présenta 35 projets miniers. Aussitôt, *China Railway Engineering Corporation* (*CREC*) dépêcha au Congo sa filiale Chinese Overseas Engineering *Company (COVEC)*. En 2006, *COVEC* s'associa à *Gécamines (GCM)* dans *La Minière de Kalumbwe Myunga Sprl (MKM)* et dans *La Compagnie Minière de Luisha* (*COMILU*)[3]. Par la suite, *COVEC* força la main à *GCM* pour qu'elle accepte un prêt, non sollicité, de 60 millions USD, mais dont la société ne reçut que 38 millions. La différence s'évapora plus que probablement dans le financement électoral du futur élu.

---

[1] En 2006, *Fuzhou Huasheng Textile Co Ltd* voulut fabriquer à Kinshasa des moustiquaires imprégnées exportables en Afrique centrale. Une certaine *CMSC* construirait à Kinshasa une usine de traitement d'eau d'une capacité de 220.000 mètres cubes, pour 100 millions USD avancés par le gouvernement chinois au taux d'intérêt de 4,5%. Mais en 2011, ce sont des projets de la *Banque Mondiale* qui seront concrétisés.

[2] Communiqué de *China Railway Group Ltd,* bourse de Hong Kong, 2008.

[3] *China Railway* reprendra le contrôle de *COMILU.*

Cette anomalie[4], une de plus, montra l'*amitié* active et compromettante des Chinois. Bon à savoir, pour la suite !

La victoire électorale avait élargi le boulevard de la pénétration chinoise au Congo. Entre mars et juin 2007, Kinshasa devint la destination des marchands d'infrastructures chinoises. Ils proposaient tout et n'importe quoi.

En mai 2007, *la Nouvelle société de bois Yang Shushan Sprl* promit d'électrifier la province de l'Équateur, avec une ligne reliant les villes de Bandundu et de Mbandaka, un barrage hydroélectrique sur la Ruki et une centrale solaire.

Une dizaine d'hommes d'affaires chinois présentèrent[5] des projets en matière de santé, éducation, énergie, environnement, routes, hôtels, logements et cimenterie. Ils demandèrent 5.000 hectares à Kinshasa, pour construire des habitations. Ils réhabiliteraient la route Matadi-Kinshasa, pourtant réalisée par d'autres Chinois, au moyen de fonds de la *Banque Mondiale (BM)* !

D'autres Chinois proposèrent la reconstruction de quatre quais du port de Matadi pour 51 millions USD, dont 20 proviendraient de la *BM* ! Etc.

La *Compagnie Nationale Chinoise des Transports, des Ponts et Chaussées (CNTCPC)* [6] fut la plus entreprenante. En avril 2007, *CNTCPC* signa le premier *protocole d'accord* sur les infrastructures[7], avec le ministre des Infrastructures, Travaux Publics et Reconstruction[8]. Fait remarquable, et hormis Kinshasa, le ministre avantagea sa propre province d'origine, le Sud-Kivu. À ne pas oublier…

---

[4] L'incident fit révoquer Paul Fortin, délégué par *Sofreco* pour diriger *GCM* aux frais de la *Banque Mondiale (BM)*.

[5] *Groupe China-Africa*, Août 2007.

[6] En anglais: *China Road and Bridge Corporation.*

[7] Historiquement, le premier protocole d'accord chinois, non exécuté, fut conclu le 31 octobre 2001 avec *China Yuanwang (group) corporation (CYC).*

[8] Qui sera intégré dans le projet de septembre 2007.

[*CNTCPC* étudierait la faisabilité d'une autoroute reliant l'aéroport de N'Djili à Kinshasa[9], la réparation des rues de Bukavu et bitumerait 34 km reliant l'aéroport de Kavumu. S'ajouterait la construction de 90 km de la route Bukavu-Kamanyola-Uvira et de 200 km entre Kasongo et Kindu.]

Mi-2007, *China National Machinery and Equipment and Export Corporation (CEMEC*) promit un prêt de 75 millions USD à la diamantaire *MIBA*, pour exploiter le chrome et le nickel dans les concessions de Kabeya Kamwanga (au Kasai Oriental) et Kuiza, Nkonko et Lutshiatshia (au Kasai Occidental). Le prêt servirait aussi à relancer la production de diamants pour atteindre 7 à 8 millions de carats par mois, à réparer des routes et des voies ferrées et à porter à 18 mégawatts la capacité de la centrale électrique de Tshiala[10].

Machi améliora son dialogue avec les Chinois.

« Notre horizon s'élargissait. La perspective changeait. Confrontés à une culture, un mode d'affaires à l'antipode de ce que nous connaissions, nous nous sommes mis à apprendre un vrai Nouveau Monde. Tout était, avec les Chinois, dans une autre mesure… Les dimensions, les manières, les critères, les procédures et les absences de procédures, tout était différent. Il nous fallait comprendre le nouvel univers et retrouver l'agilité et la flexibilité nécessaires pour nous y adapter[11] ».

Au cours des deux années précédentes, le projet *KOV* brilla comme s'il avait été, et de loin, le plus important.
Mais à toute chose malheur est bon, dit-on. La tristesse du retrait de *MCC* dévoila que la Chine, assoiffée de matières premières, serait toujours intéressée par un lot équivalent en minerais de cuivre et de cobalt pour deux décennies.
Il y avait de quoi recycler *KOV*. Et sauver *La Tique*!

---

[9] Fin 2017, on reparlera de cette voie rapide de 20 Km ; sans concrétisation.
[10] On ne parla plus du projet *CEMEC*. Les gisements de chrome et de nickel seront promis à la société d'assurance-crédit *SINOSURE*.
[11] Katumba, *Ma vérité*, op.cit.

Côté congolais, le chemin avait été pavé. En 2005, la mise « en touche » de la *Banque Mondiale (BM)* et de la relance de la *Gécamines (GCM)* permit de mettre sur orbite un quatuor de bénéficiaires de contrats miniers *léonins*[12]. La *théorie des exoplanètes* suggérait que les avantages anormaux des investisseurs en feraient des *amis* et des « receleurs » complaisants de droits et profits cachés pour l'*État parallèle.*

Dans le même temps, la nouvelle direction de *GCM*, devenue une coquille, fut confiée, par la *BM* et à ses frais, au consultant de *Sofreco,* « le moins-disant[13] » et le moins qualifié[14]. Sofreco délégua le Canadien Paul Fortin qu'elle désavoua rapidement et publiquement, en le déclarant incompétent à cause d'une fraude chinoise[15].

Devenu un électron libre, Fortin tomba au service de l'*État parallèle*. La *BM* fut « outée », *dégagée* ! C'était parfait !

Qui donc pourrait se rappeler que *Kamoto*, l'exploitation minière la plus prometteuse avait été remise à *KML* avec ses carrières, mine souterraine, concentrateur et usine d'électrolyse de Luilu, et un raccordement électrique ? Qu'en comparaison, la mine de *Tiq* était mal dotée ? Car, malgré la teneur élevée en cuivre de *KOV* et le financement des Chinois de *MCC*, il fallait dénoyer la mine, pomper 12 millions de mètres cubes d'eau, trouver 100 mégawatts d'électricité pour alimenter une nouvelle usine. Etc. Que *KOV* était voisine mitoyenne de *Kamoto* dont deux gisements, *Mashamba et Dima*, ne seraient exploités que dans un avenir lointain ? Que ce voisinage de *Kamoto* et *KOV* pouvait créer une synergie ? Une idée géniale ?

---

[12] *GEC (KOV), KML, TFM et KMT.*

[13] L'adjudication du marché revient au soumissionnaire le moins cher.

[14] Les autres soumissionnaires furent *IMC Brabants*, le Canadien *Lavallée* et les Français KPMG et BRGM.

[15] Affaire du prêt *COVEC* dont une bonne partie chuta en dehors de *GCM.*

Un plan B, pour sauver La Tique

En février 2007, *Machi (Mc)* était déjà venu en Chine, avec un de ses fidèles lieutenants de l'ombre[16], pour concocter des travaux d'infrastructures[17] avec *China Railway, Sinohydro, Eximbank* et *China Development Bank (CDB).*

[Le patron de *CDB* vint à Kinshasa, mais il en repartit furieux de n'avoir pas rencontré *Boss*. Néanmoins, *Boss* restait intéressé ; il aurait personnellement accordé à des Chinois le marché de la route Kasumbalesa-Lubumbashi.[18]]

Ce voyage de février comportait des anomalies flagrantes.

D'une part, *Mc* était devenu un simple député national[19]. Rien ne l'autorisait à représenter le nouveau Congo qui était redevenu un État, avec un gouvernement qui avait l'exclusivité de la prérogative de diriger la politique de la Nation.

[Mais les *élites* de *l'État parallèle* avaient été aguerries par la victoire électorale ; abreuvés de démagogie, ils avaient une dose d'audace ou de mépris des institutions et du peuple.]

D'autre part, au même mois de février, le nouveau gouvernement présenta un programme quinquennal qui fut approuvé par les députés. Ce plan ne comportait pas l'ombre d'un indice de grands travaux.

[Le gouvernement avait prévu une « réhabilitation progressive et minimale » des routes. Le manque d'entretien régulier provenait de la non-exécution du budget d'investissement et de fonctionnement, du non-respect de la charge à l'essieu, de l'accroissement du trafic urbain, de la limitation de

---

[16] Katumba, Op.cit. p. 176, 196.

[17] Il s'agissait du futur pasteur de l'*Église du Sang Précieux* et patron du *Bureau de coordination et du suivi du programme sino-congolais* (*BCSPC*). Élu sénateur en 2019. Ils seraient partis de Kinshasa le 25 février 2007 via l'Afrique du Sud, Hong-Kong, l'Indonésie et Shanghai. In *BCPSC : 5 ans au service de la reconstruction et de la modernisation de la RDC,* 2013.

[18] Katumba, op.cit. P 196. Projet BOT repris dans le contrat de septembre 2007.

[19] Troisième élu de Lubumbashi avec 14.000 voix.

l'enveloppe budgétaire, de l'accroissement démographique, de constructions anarchiques et de calamités naturelles.]

Ce programme gouvernemental des infrastructures fut, de nouveau, confirmé peu avant le naufrage de *KOV*[20].

Ainsi ces anomalies révélaient, selon *la théorie des exoplanètes,* qu'un *État parallèle* était aux commandes. Une réalité qui serait confirmée par d'autres anomalies à venir.

Et à suivre…

Le grand maquillage

Le voyage de 2005, avec *La Tique* dans les valises de *Boss*, a favorisé le déploiement de toutes les trois catégories d'entreprises chinoises. Toutes, vouées à son *going global* et à la conquête économique impériale du monde avec, notamment, le ruissellement des *nouvelles routes de la soie.*

La *troisième classe* est constituée de la multitude d'individus en quête de leurs propres destins. Certains préparaient l'avenir de leurs affaires en procréant des *Afrasiens*[21]. Mais Pékin ne s'occupait pas de ces *électrons libres*.

La *deuxième classe* regroupe des entrepreneurs capables d'investir à l'étranger et d'y créer des *joint-ventures* et, même, y *délocaliser*. Ils bénéficient de prêts étatiques sans intérêts.

La *première classe* regroupe des entreprises étatiques, parmi les plus importantes au monde, dans des secteurs sensibles et stratégiques : techniques de l'information, sécurité, matières premières (pétrole et minerais), énergie et infrastructures. Elles bénéficient de l'assistance de tous les

[20] Conseil des ministres du 14 avril 2007, *ACP.*

[21] Howard French, *China's second continent: how a million migrants are building a new empire in Africa*, Knopf, 2014.

organes de l'État, notamment financiers et diplomatiques, y compris l'*intelligence économique*[22] et l'espionnage.

À Pékin-2005, deux entreprises étatiques se détachèrent.

La première, *Sinohydro Corporation* est leader dans la construction d'infrastructures (routes, chemins de fer, ports et aéroports), la fabrication et l'installation de matériels hydroélectriques et hydromécaniques. La firme comptait 27 filiales, dont 17 lui appartenaient totalement. Elle réalisa, en 2007, un résultat de 7 milliards USD. Mais l'entreprise n'avait aucune activité ni expérience minière.

[*Sinohydro* était déjà présente au Congo, depuis 2001. Elle avait gagné, par sa filiale *China national water resources and hydropower engineering corporation,* les premiers marchés routiers payés par la *Banque Mondiale.* À Pékin-2005, la firme organisa pour les Congolais de *Regideso* et de *SNEL*[23] une visite du fameux « Barrage des trois Gorges » développant 18.200 mégawatts[24].]

La seconde, *China Railway Engineering Corporation* (*CREC*), était le constructeur principal du réseau ferré chinois, et le troisième groupe mondial de construction, avec 31 sociétés et 7 filiales. Mais *CREC* n'avait pas non plus d'expérience en mines ; son premier investissement dans le secteur était insignifiant.

[*China Railway (CREC)* venait tout juste d'acquérir *Changfulong Gold Mine,* sa première concession minière de seulement 7 kilomètres carrés dans la région autonome de la Mongolie-Intérieure, pour un investissement de seulement 6 millions USD en vue d'extraire de l'or en 2008.]

Avec ces deux mastodontes, personne ne pourrait jamais savoir d'où était partie et vers où irait la mission, déjà secrète, à Pékin-2007.

---

[22] Espionnage pour obtenir des informations par des sources accessibles : visites, colloques et conférences, revues, Internet, appels d'offres…

[23] Sociétés congolaises de production et de distribution d'eau et d'électricité.

[24] La moitié du potentiel, au Congo, du *Grand Inga,* de 40.000 mégawatts.

L'idée nouvelle pouvait être lancée. *Machi* appela des ministres congolais à Pékin pour relooker *KOV*.

En juin 2007, le vice-ministre des Mines vint une semaine à Pékin pour rencontrer les entreprises qui participeraient à « un montage financier ». Sans autre précision.

C'était une anomalie[25]. En effet, au même moment, le gouvernement avait lancé le 11 juin 2007, les travaux de la Commission de *revisitation*[26], pour réexaminer les contrats miniers. Il interdit de nouvelles négociations minières. Le vice-ministre n'était donc pas en mission officielle en Chine.

En août 2007, le ministre des Travaux publics et Infrastructures[27] vint aussi à Pékin pour y rencontrer le ministre du Commerce Bo Xilai. En l'espace de deux jours, les 16 et 17 août, il signa avec *Sinohydro*, *China Railway (CREC)* et *Eximbank* trois accords de « financement des infrastructures, par l'exploitation des ressources minières ».

Ce furent encore des anomalies. Le *troc* des infrastructures contre des mines n'était pas dans le programme du nouveau gouvernement. Et même, le ministre, acquéreur des travaux, s'était muni d'un « chéquier en blanc » pour des achats en Chine, sans liste officielle, sans mandat gouvernemental et sans la participation des autres ministères concernés : finances, budget, mines, plan, portefeuille, environnement…

Cependant, *Machi* et les personnes accourues de Kinshasa avaient commis l'imprudence de livrer le pays à une possible colonisation. Ils se sentaient omnipotents et omniscients. Leur vérité et leur efficacité provenaient de leurs propres flairs et pulsions. Ils n'avaient besoin ni d'expert

---

[25] Chronologie de Pascal Airault, *Les dessous de l'offensive chinoise en RD Congo,* http://www.jeuneafrique.com/Article/LIN30097lesdeognocd0/.
[26] Commission créée le 20 avril 2007.
[27] Colette Braeckman du quotidien belge *Le Soir*.

national ou international ni de sinologue ou de sinophone pour les accompagner ou les assister en Chine.

« Jamais les délégués de la RDC ne prennent la précaution de s'entourer de techniciens. Ce qui préoccupe les conseillers et les ministres, c'est les indemnités de mission ».[28]

À contre-pied de Jared Diamond[29], ils ne savaient pas que la Chine faisait partie du groupe des *Occidentaux* et des PTF. [30] Ni que les Chinois eux-mêmes fondaient leur émergence sur le sérieux et le savoir, une éthique et une rigueur internes, au point de sacrifier la démocratie et les droits humains ! Qu'ils étaient bardés d'experts pour piloter les dossiers congolais ! Qu'ils avaient quelques longueurs d'avance grâce à *l'intelligence économique* des services secrets et aux *Milobs* des Nations Unies au Congo[31]?

Mais les Chinois, eux, ils n'avaient pas perdu la tête.

Leur ministre des Mines aurait voyagé pour repérer des concessions de *Gécamines (GCM)*[32].

Une centaine d'experts de la *Beijing Shan Hai Tian Valuation and Consulting Company* vinrent évaluer le potentiel des gisements pour *Eximbank, Sinohydro et China Railway (CREC).*

Les résultats seraient exploités par la *China EnFi Nonferrous Engineering Co. Ltd* en vue de fixer le niveau des investissements miniers.

Dans le même temps, d'autres explorations de cuivre et de cobalt se poursuivaient pour le compte de *China Development Bank.* Etc.

---

[28] TDR pour cette citation.
[29] Supra page…
[30] Partenaires Techniques et Financiers.
[31] *Le Géant, T1,* op.cit. Des espions, découverts et chassés du corps de l'ONU.
[32] Jonathan Holslag et Ctrs, *Chinese resources and energy policy - Sub-Saharan Africa,* 2007.

Plus tard, les mêmes Chinois pourraient se dédouaner avec ce dicton africain qui dit : « le serpent ne creuse pas de trou ; il se love dans le trou creusé par d'autres ! »

En septembre 2007, le plan B avait pris forme. Cette *idée* de « génie de bien ou de génie du mal » se concrétisait dans un jeu d'ombres chinoises.

Les événements se précipitèrent, aussi.

Le compte à rebours

Les anomalies provenant du faste de la drôle de cérémonie de la deuxième remise de l'hôpital, le 4 septembre, pourraient valider *la théorie des exoplanètes*.

La date du 19 septembre approchait. Et ce jour-là marquerait une avancée déterminante du Congo, accompagné par le *Fonds Monétaire International* et tous les *Partenaires Techniques et Financiers (PTF*).

Le 19 serait un jour d'espoir pour la reconstruction durable du pays, mais un jour de « la fin de la récréation » et un jour de deuil pour l'*État parallèle.* Car, désormais, il y aurait une obligation à la discipline budgétaire et, surtout, à plus de rationalité sur le long terme. Il y aurait de l'argent, mais uniquement au moyen de dettes *soutenables*, bien incluses dans le budget de dépenses de l'État, et sans pouvoir gêner les finances du pays.

[La collaboration financière avec la Chine serait possible, à condition qu'elle intègre aussi les nouveaux paramètres.]

Le 4 septembre ressemblait à un bras d'honneur pour faire croire que la Chine, seule, pourrait servir d'alternative à l'ensemble des *Occidentaux*. On avait exhibé une réalisation immédiate et concrète du partenariat Pékin-Kinshasa.

[Même si les 6 millions USD de l'hôpital ne faisaient pas le poids face aux milliards de dettes qui seraient effacées et aux milliards injectés depuis six ans et convertibles en dons.]

Le 4 septembre avait lancé un compte à rebours pour le 19.

À cette date, personne ne pensera à *La Tique* lorsqu'on dévoilera les projets ruminés et concoctés avec la Chine[33].

Le timing était crucial. Tactique. L'annonce sera faite au moment où les gens du *FMI*, conduits par Brian Ames, débarqueront à l'aéroport de Kinshasa le mardi 18 septembre.

Les argentiers internationaux seront frappés, foudroyés, déboussolés, tétanisés et humiliés.

Réduits à apprendre la « grande nouvelle du siècle », en même temps que l'homme de la rue.

Par la presse !

---

[33] Un projet était un contrat BOT *(Built Operate and Transfer)*. Un autre impliquera la *China Development Bank* avec un protocole d'accord le 11 octobre 2007 et un contrat le 30 juillet 2008. Ce contrat sera dissimulé.

LE 17 SEPTEMBRE 2007

Le « contrat du siècle »

Kinshasa, 18/09/2007 (ACP)[1] *Le ministre d'État aux Infrastructures, Travaux publics et reconstruction (ITPR), Pierre Lumbi Okongo et le directeur général du groupement des entreprises chinoises*[2]*, ont signé au Grand Hôtel Kinshasa deux protocoles d'accord pour le financement des travaux de construction des infrastructures de base et la construction d'une autoroute reliant la ville de Lubumbashi à Kasumbalesa*[3]*, évalués à cinq milliards USD*[4]*.*
Aux termes de l'accord sur la construction et la modernisation des infrastructures, il est convenu entre les deux parties que la Chine va exploiter les mines congolaises dans la province du Katanga, en contrepartie de son apport financier. Cependant, aux termes du deuxième[5] *accord*[6]*, il est décidé de commun accord que la firme CREC va recouvrer son argent par le système de péage pendant un temps selon le modèle « Construire, exploiter et rétrocéder » (BOT)*[7]*.*

Les protocoles d'accord signés entre la Chine et la RDC, a indiqué le ministre d'État Pierre Lumbi, concernent plusieurs domaines de la vie nationale notamment les infrastructures, la santé, l'éducation, l'énergie, l'urbanisme et les mines. Ils visent le développement de la RDC par

---

[1] Agence congolaise de presse.
[2] On apprendra qu'il s'agissait de *Sinohydro*, de *CREC* et d'*Eximbank*.
[3] Quelques semaines plus tard, on parla d'une construction sudafricaine.
[4] Dollar américain.
[5] Un protocole porta sur la route Lubumbashi – Kasumbalesa en BOT (Build Operate and Transfer) où le constructeur se rembourse par péages des usagers.
[6] Ce premier protocole, de troc des infrastructures en échange de ressources minérales, fut le plus important. Il sera qualifié de « contrat du siècle ».
[7] Katumba, Op.cit, p. 196. « En février 2007, un groupe qui avait fait ses preuves en Indonésie du temps de Suharto avait bâti un empire puissant. Le fils du propriétaire de ce groupe, Salim Saleh, vint en RDC et rencontra l'*élu* à Bukavu. Le projet de la route Kasumbalesa-Lubumbashi leur fut confié ». Cette décision fut prise en dehors du gouvernement. Puis le marché passa à *China Railway Engineering Corporation (CREC)* dans le contrat du 17 septembre.

l'utilisation de ses ressources pour le profit de la population à l'instar des autres pays d'Afrique, d'Asie et d'Amérique qui connaissent un développement remarquable.

Les cinq milliards de la République populaire de Chine sont investis pour la construction du chemin de fer entre Kinshasa et Ilebo au Kasaï Occidental, la modernisation de la ligne Matadi-Kinshasa et Ilebo Kananga-Mwene-Ditu et Lubumbashi-Sakania, soit 3213 km.

Dans le secteur des routes, il s'agit de la construction d'une autoroute qui reliera Lubumbashi à Kasumbalesa (98 km) ainsi que de la construction des routes bitumées pour les tronçons routiers ci-après : Likasi-Kolwezi (176 km), Lubumbashi-Kasomeno-Kilwa-Pweto (526 km), Pweto-Moba-Kalemie (433 km), Kalemie-Fizi-Uvira (435 km), Uvira-Bukavu (148 km), Bukavu aéroport-Goma (175 km), Goma-Beni et Beni-Kasindi (440 km). Le secteur routier concerne également les tronçons Beni-Komanda-Bunia (202 km), Beni-Mambasa-Komanda-Mambasa (202 km), Mambasa-Niania (226 km), Niania-Bafwasende (141 km) et Bafwasende-Kisangani (200 km) soit un total de 3.402 km. Outre les routes nationales, les protocoles d'accord entre la RDC et la Chine concernent également la voirie des villes[8] *des provinces ainsi que la capitale, soit 450 km.*

En vue de résorber la carence en institutions hospitalières, la coopération Chine-RDC va s'investir dans la construction de 31 hôpitaux de 150 lits équipés, d'un hôpital centre-ville Kinshasa, de 145 centres de santé de 50 lits équipés, de deux universités et de 5.000 logements sociaux pour un coût estimatif de 6,5 milliards USD. Par ailleurs, le

---

[8] César Mwamba, *Congoforum.be*, juillet 2008. *CREC* contractera directement avec la province du Katanga pour réaliser 57 km d'avenues à Lubumbashi, pour 43 millions USD, en dehors du contrat national qui avait prévu 249 km de voiries urbaines en provinces pour 190 millions USD. De manière imprévue, Lubumbashi absorberait près de 23% des infrastructures des 10 provinces (hors Kinshasa qui aurait droit à 201 km).

ministre d'État Pierre Lumbi Okongo a précisé que les protocoles d'accord, entre la Chine et la RDC, ont tenu compte de l'équilibre des bénéfices.

La République Démocratique du Congo va bénéficier des infrastructures et équipements pour son développement et l'amélioration des conditions de vie de la population tandis que la Chine va bénéficier des matières précieuses de la RDC pour le compte des entreprises qui ont consenti leur financement. Les différents projets initiés vont générer des emplois pour les Congolais de même que les entreprises congolaises vont intervenir en sous-traitance.

Au terme des projets[9]*, les entreprises congolaises vont bénéficier de transferts de technologie et du renforcement des capacités des ingénieurs. Pour la Chine, la coopération n'est pas exclusive ; elle appuierait la coopération avec les autres partenaires.*

Quatre jours sans apercevoir le Premier ministre

Pour la première fois de l'histoire, unc dépêche d'agence de presse congolaise fit le tour de la Planète. Monopolisant les « unes » des bulletins d'information et des quotidiens. Faisant pousser des cris et verser des larmes de joie : grâce à la Chine, il pleuvra des milliards USD sur un pays désespéré et meurtri par la guerre.

Tous parlèrent de « contrat du siècle ! », et même d'un « Plan Marshall chinois ». Mais ce n'était pas sérieux : personne n'avait lu les accords. On sut seulement qu'ils avaient été rédigés sur du papier à l'en-tête du ministre congolais, en six exemplaires et en langue française !

---

[9] Un troisième protocole était en négociation ; il sera dévoilé en octobre 2007. Il engagera la *China Development Bank (CDB).*

Le lendemain, le mardi 18 septembre, la délégation du *Fonds Monétaire International* (FMI) arriva, comme prévu, à l'aéroport de N'Djili, à Kinshasa. Surprise et ébahie !

Au même moment, mais à l'autre extrémité de la capitale, les deux héros de l'événement planétaire, le ministre congolais Pierre Lumbi Okondo et le Chinois Li Changjin, président-directeur général de *China Railway Engineering Corporation*, furent reçus par le Chef de l'État *(Boss)*.

C'est quatre jours plus tard que tout ce *beau monde* se rendit compte qu'il y avait, par-dessus tout, un État et un gouvernement qu'ils avaient tenu à l'écart. Le vendredi 21 septembre[10], Pierre Lumbi et Li Changjin rencontrèrent le Premier ministre, Antoine Gizenga Funji.

[Les nouveaux profils constitutionnels schématisaient un président sage et âgé, et un Premier ministre jeune et actif. Mais le premier chef d'État avait été élu à 35 ans, alors que le chef de gouvernement en avait 81 ! Le vieux montra ses limites. Il laissa filer le jeune et son *réseau d'élites.*[11]]

Quelqu'un[12] vécut l'état préoccupant du vieil homme :

« Je devais le rencontrer en ses bureaux. Il arriva tard. Puis, il était resté assis, prostré, dans le véhicule. Il mit près de deux heures avant de pouvoir en descendre. J'étais effrayé à l'idée de me trouver en face d'un vieillard grabataire. » [À l'époque, le pays était bloqué ; même un député[13] essaya de faire censurer le Premier ministre, incontestablement, absent et *virtuel.* »]

---

10 Selon l'ACP, le Premier ministre a exhorté les investisseurs chinois à se mettre rapidement à l'œuvre pour participer à la reconstruction effective de la RDC dont les infrastructures sont dans un état de dégradation avancée. Il s'est félicité que cette démarche rencontre les préoccupations du gouvernement.

11 M. Yabili, *Deux saisons sans la troisième République,* Les Impliqués, 2017.

12 Confidences, à l'auteur, de S.S. qui a préféré garder l'anonymat.

13 Delly Sessanga, *La voie du changement,* L'Harmattan, 2011.

Le « coup d'État »

Le 17 septembre 2007 fut, en réalité, marqué par un autre *scoop*, resté invisible : le président congolais exerçait *inconstitutionnellement* tous les pouvoirs. Lui et ses proches.

La RD Congo avait de nouvelles institutions neuves et fraîches. Elles auraient dû garnir les esprits. À commencer par leur premier garant : *Boss (B.)*. Mais *B.* tourna le dos à des règles qui étaient doublement écrites : dans les textes de 2006 et dans la logique de l'histoire du pays.

[En 1960, à l'indépendance du Congo, il y eut un Président qui était chef de l'État, et un Premier ministre qui détenait les pouvoirs de gouverner. Le régime était *parlementaire*. C'était le Premier ministre Lumumba, issu d'une coalition majoritaire au parlement qui dirigeait le pays, et non le Président Kasavubu. C'est l'étendue des pouvoirs du Premier ministre qui dota Lumumba de son envergure historique.

Après 1965, Mobutu prit le pouvoir et supprima le poste de Premier ministre. Le pays versa dans un régime *présidentiel* avec un Chef de l'État qui était en même temps chef de gouvernement. Mais par la suite, cette concentration de pouvoirs fut ressentie comme de la dictature. Toutes les contestations et toutes les propositions de réformes réclamaient un pouvoir exécutif dévolu et détenu par un Premier ministre indépendant du chef de l'État. On ne voulait plus d'un président fort.

Mobutu se plia de mauvaise grâce ; il nomma des Premiers ministres dépourvus de prérogatives, tout en continuant à tout diriger. Le prolongement de la déliquescence du pays renforça la quête nationale d'un Premier ministre à la fois véritable chef de gouvernement et responsable devant le parlement.

En 1991, le Premier ministre Étienne Tshisekedi crut qu'il pouvait refuser de prêter allégeance au chef de l'État : il ratura l'acte de son investiture, et il fut révoqué. Il prit sa revanche avec sa nomination directe par la Conférence Nationale Souveraine en 1992. Par la suite, Mobutu récupéra les pouvoirs

des Premiers ministres ultérieurs, exacerbant l'unanimité à mettre fin au régime présidentiel.
La nouvelle constitution de 2006 fut bel et bien l'aboutissement de 46 années d'une histoire congolaise tumultueuse. Elle rétablit un Premier ministre, chef de gouvernement, dans la lignée d'un Lumumba.]

Cette séparation des pouvoirs entre Président et Premier ministre avec la prééminence de ce dernier est dans les textes : littéralement, et avec clarté. La logique est imparable.
[Depuis 2006, le chef de l'État a la tâche essentielle de reconstruire l'État. Il lui est interdit de gouverner. Et c'est bien parce qu'il ne gouverne pas qu'il n'y a pas matière à ce qu'il soit interpellé par les députés et sénateurs. Bien au contraire, c'est parce que le Premier ministre prend des décisions, qu'il doit en rendre compte, qu'il en est responsable en cas de contrôles et qu'il risque des sanctions[14]. C'est le Premier ministre et son gouvernement qui dirigent le pays avec l'aide de l'administration, des Forces armées, de la Police nationale et des services de sécurité. Le Premier ministre n'agit pas à sa guise. L'action de son gouvernement est consignée dans un programme qui est soumis à l'approbation des députés. Moyennant quoi, les parlementaires investissent le gouvernement. On se complaît du fait que le chef de l'État *nomme* le Premier ministre, comme si le sort de celui-ci dépendait de celui-là. En fait, celui-là propose celui-ci aux députés, et ce sont les parlementaires qui nomment effectivement. Par ailleurs, il y a un lien direct entre le gouvernement et le peuple, représenté par les députés. C'est la raison pour laquelle le Parlement a les pouvoirs de contrôler et d'interpeller le gouvernement et, même, de le sanctionner par un vote de censure et de révocation. Président et Premier ministre ont des domaines de concertation[15] et de collaboration[16]. Mais leurs attributions respectives sont distinctes et

---

[14] À cet égard, il était inapproprié de parler de *cinq chantiers du Chef de l'État* qui ne disposait légalement ni de la signature ni d'un budget.
[15] Politique de la nation.
[16] Défense, sécurité et affaires étrangères.

claires ; le Président ne peut démettre le Premier ministre ; seuls les députés ont ce pouvoir ! Plus clairement, le Président ne signe pas seul ; lorsqu'il le fait, il lui faut la signature du Premier ministre. Celui-ci dispose, ainsi, du dernier mot ! En résumé, depuis 2006, *l'homme fort* est le Premier ministre, comme au temps de Lumumba.]

En septembre 2007, l'équation du pouvoir légal était schématisée par un Premier ministre au « pouvoir exécutif, contrôlable et sanctionnable » et un Président « sans pouvoir exécutif » et qui ne subit ni « contrôle » ni « sanction ».

[Le Congo a un régime *parlementaire* et non *présidentiel* ![17] Mais on fait croire que la course au pouvoir est la présidentielle alors que ce sont les élections parlementaires qui donnent la majorité requise pour le gouvernement du Premier ministre.]

Sur la base des textes, le grand événement historique du 17 septembre, n'était pas le *contrat du siècle*, mais la perpétration et la consécration d'un véritable « coup d'État ».

« Celui qui anime le gouvernement, c'est le Premier ministre. Notre Mathusalem politique (Gizenga) ne semble pas avoir tous les atouts pour animer un gouvernement. Le Premier ministre ne parvient pas à donner une âme à son gouvernement. Son gouvernement est un squelette. Il n'a pas de chair. Qu'il remplisse ses obligations constitutionnelles. Non seulement qu'on puisse le voir physiquement, mais qu'on puisse le voir en pleine action. Certains disent que le vrai pouvoir aujourd'hui est entre les mains de Katumba Mwanke *(Machi)*... D'après la Constitution, le chef du gouvernement c'est le Premier ministre. Mais lorsqu'on laisse traîner un pouvoir dans la rue, quelqu'un le ramasse... »[18]

C'est ainsi que Patrice Émery Lumumba[19], qui n'avait déjà pas de tombe, ne put ressusciter.

---

[17] Les élections municipales et locales seront repoussées de plus de 15 ans.

[18] Lunda Bululu, alors sénateur, à RFI, repris par Le Potentiel, novembre 2007.

[19] Son corps avait été dissous dans de l'acide, dans une brousse du Katanga par Gérard Soete. En 2021, un doigt et deux bouts de dent trouvés en Belgique,

Le risque d'abuser d'un failli

Coup d'État ou pas, les Nations ne vivent pas de théories ! Des circonstances et des hommes peuvent les renverser ou les redresser ! Au Rwanda, par exemple, des rebelles sanguinaires se sont refait une pureté parce qu'ils avaient survécu au génocide ; ils utilisent les mêmes doigts effilés, tachés par le sang des victimes directes et indirectes, pour serrer les mains des princes de ce monde, voire de l'Église !

Ce qui importe aussi, ce sont les intentions. Celui qui tue avec une arme est un meurtrier, mais lorsqu'il s'agit d'un soldat et que la victime est qualifiée d'ennemi, l'homicide n'est pas puni et peut devenir un acte héroïque. Un chirurgien blesse en tailladant les corps, et certains patients laissent leur vie sur le billard, mais il n'est pas un criminel.

En politique, ceux qui commettent des coups d'État sont obligés de les réussir en régularisant leurs pouvoirs. Faute de quoi, ils risquent la potence pour crime de haute trahison. Etc.

À cause de cette relativité, le coup de force du 17 septembre était réparable. Les juristes disent que les situations abusives, par dépassement ou usurpation de pouvoir, mais qui apportent néanmoins de la satisfaction, peuvent être validées, par « ratification ». Y'aura-t-il satisfaction ?

[Les partenaires chinois n'étaient pas naïfs. Ils connaissaient les irrégularités du 17 septembre 2007. Dans le contrat final de 2008, ils exigeront une ratification par une loi spéciale issue d'un vote du parlement.[20]]

---

mais qu'aucun examen ADN ne pouvait certifier, auront le statut de relique en vue du rapatriement et d'une inhumation solennelle du "corps" au Congo

[20] Loi n° 14/005 du 11 février 2014 portant sur le régime fiscal, douanier et parafiscal des recettes non fiscales et de change applicable aux conventions de collaboration et aux projets de coopération, Journal Officiel,18 fév. 2014.

Il y avait une autre question : cette entorse aux institutions était-elle nécessaire ?

En 2007, il n'y avait pas de sollicitations ou de pressions nationales ou internationales qui auraient justifié la nécessité, l'urgence ou la précipitation à dédoubler le gouvernement pour lier langue directe avec les Chinois.

Il n'y avait pas non plus de crise politique ou de désaccord sur le programme gouvernemental qui auraient poussé un clan politique à pactiser en secret avec Pékin, pour, ensuite, se prévaloir de l'intérêt supérieur du pays.

De plus, le Président et le Premier ministre étaient de la même coalition politique ; les *inputs* des uns et des autres pouvaient et devaient être exécutés dans la transparence, l'harmonie et la légalité. En respectant les « formes » requises. Etc.

Néanmoins, le *crime* constitutionnel de septembre 2007 aurait été atténué, voire effacé, s'il n'avait été qu'une entorse légère et exceptionnelle, qui n'aurait pas bousculé les règles de gouvernement et de gouvernance ou, au mieux, aurait visé ou abouti à les remplacer par des normes plus performantes et plus équitables.

[Pour une fois, l'*État parallèle* aurait pu manifester un véritable génie avec de véritables et bien meilleures négociations et gestions de contrats sur les ressources naturelles. Cela aurait réellement accéléré une reconstruction du pays, dopée par les effets d'entraînement des infrastructures chinoises.]

Après des années de désarticulation fatale du pays, le seul objectif, véritable, le plus grand et prioritaire restait l'apprentissage de la « volonté politique » et du « leadership ».

[Mais dans ces premiers mois de nouvelle démocratie, la Chine pactisa avec ses propres bourgeois « compradors »[21], au

[21] D'après Wikipedia, « comprador » désigne un bourgeois d'un pays en voie de développement tirant sa fortune du commerce avec l'étranger. Le terme est utilisé dans l'analyse marxiste, par opposition à la bourgeoisie qui a des intérêts dans la production de richesses nationales.

mépris des conséquences graves et durables sur les nouvelles institutions en « rodage ».]

En RD Congo, la Chine n'avait pas posé, directement, la condition de la légalité et de la bonne gouvernance.

Pendant ce temps, Pékin collectait à travers le monde, des dividendes de sa nouvelle image de *gagnant-gagnant,* sous le prétexte qu'elle ne posait ni de questions ni de conditions aux pays pauvres ou affaiblis.

À première vue, cette non-ingérence *absolue* bousculait les rapports de force internationaux. Elle relançait aussi les anciennes guerres de libération de l'Afrique des griffes de l'*Occident*.

Mais la médiocrité et perversion rendent aveugle.

Les acteurs de l'*État parallèle* pensèrent que la Chine était un nouveau libérateur qui les affranchirait de tout, et, même, des conditions de bonne gouvernance, des droits humains, de la sauvegarde de l'environnement, etc.

Ils ne voyaient pas la réalité. Pour pouvoir émerger, la Chine elle-même s'était soumise ou s'apprêtait à se soumettre aux mêmes conditions élémentaires que les *Occidentaux* suggéraient au pays.

[Le parti communiste chinois mène une lutte implacable contre la corruption et, même, l'immoralité de membres ayant des concubines. Les exécutions capitales se font par une balle tirée dans la tête du criminel et dont on facture le coût à la famille du condamné !]

Comment Pékin en affranchirait le Congo, un *État failli* ?

Certes, les sports martiaux asiatiques ont l'art de tirer la force de la faiblesse de l'adversaire, et la Chine verserait avec arrogance dans la tentation d'écraser les Congolais, malgré leur plein gré… Néanmoins, dans le Nouveau Monde Globalisé, on parlait aussi de l'« abus de faiblesse ».

Est-ce que tout serait encore permis à la Chine ?

Tout et n'importe quoi

L'irruption tapageuse des Chinois, leurs milliards USD et la longue liste des réalisations matérielles projetées avaient retourné toutes les têtes. Même celles des grands spécialistes et chroniqueurs[22] de la RD Congo. On atteignit des sommets de confusion avec ce paradigme qui avait fait le buzz : l'avenir du pays, « gigantesque, désarticulé et maudit », serait réalisé avec seulement « deux » entreprises de construction... Le monde était devenu fou...

Tous parlaient de « contrats » alors que c'étaient des « protocoles d'accord »[23], ou « déclarations d'intentions ».

Pour certains, les *Occidentaux* auraient retardé le gouvernement[24], alors que celui-ci comptait à peine six mois :

« Déçues par la lenteur de l'aide occidentale, qui ne représente plus que 33 % du budget actuel (contre 52 % durant la transition), constatant que le secteur minier n'avait contribué que pour 6 % au budget de l'État, pressées d'entamer les chantiers de la reconstruction avant d'organiser les prochaines élections locales et de se préparer, déjà, pour l'échéance de 2011, les autorités congolaises ont fini par se tourner vers la Chine pour conclure l'« accord du siècle. »[25]

D'autres saluèrent la formule de *troc* (ou *RFI*[26]) de minerais contre des infrastructures au motif que l'argent ne passerait plus par les mains de Congolais « corrompus » et avides d'« habituelles commissions ».

On ne remarqua pas que les mines cédées aux Chinois n'avaient pas été identifiées dans le communiqué.

---

[22] La journaliste belge Colette Braeckman publiera *Vers la deuxième indépendance du Congo,* Le cri, 2009, deux années plus tard, avec ledit protocole.

[23] Les anglophones appellent cela *MoU (Memorandum of understanding).*

[24] Mais il n'avait accompli que 6 mois ou 10% de ses 60 mois (2007-2011), ou le dixième seulement du programme quinquennal du gouvernement !

[25] Colette Braeckman http://blog.lesoir.be/colette-braeckman/2008/04/02/congoon-allait-voir-ce-quon-allait-voir/

[26] Resource Financed Infrastructure *(RFI)* ou Resourse-for-infrastructure (*R4I).*

Cette omission était une grave anomalie. Elle indiquait directement que l'acteur principal congolais, la *Gécamines (GCM)* n'avait pas été associée aux tractations. Et, selon la *théorie des exoplanètes*, il y avait d'autres objectifs et d'autres bénéficiaires du séjour de *Machi* à Pékin, où il s'était rendu discrètement pour sauver *La Tique (Tiq).*

[Les nouveaux accords relançaient le schéma du pillage décrié, alors que le gouvernement voulait réparer ce genre de *crimes de haute trahison*[27]. Le 22 février 2007, le Premier ministre promit aux députés la relecture critique des partenariats avec les entreprises publiques et paraétatiques minières. »]

Le *17 Septembre* comportait au moins six anomalies :

1. Le gouvernement avait la vision de « restaurer un État de droit et reconstruire un pays où la majorité de la population aurait accès aux services sociaux de base, et promouvoir les conditions favorables à la création de plus de richesses et à leur répartition plus équitable ».
2. Le plan gouvernemental (2007-2011) portait sur les infrastructures routières (145.000 km), ferroviaires (5.033 km), aéroportuaires (270 pistes, dont 22 revêtues et 5 internationales), et 16.238 km de voies navigables.
3. La priorité du gouvernement était de désenclaver le territoire par « un programme de réhabilitation et de construction des infrastructures de transport dans une approche multimodale ». Cela concernait toutes les infrastructures, sans oublier, par exemple, les ports et les voies fluviales[28].
4. « L'argent est le nerf de la guerre », dit-on. Le programme gouvernemental avait énuméré les sources de financement par « optimisation et mobilisation » intérieures

---

[27] Articles 56 et 57 de la Constitution congolaise de 2006, à propos de tout ce qui a « pour conséquence de priver le pays et ses habitants de tout ou une partie de leurs propres moyens d'existence tirés des richesses naturelles ».

[28] Le contrat du siècle n'avait pas prévu un seul USD pour les transports fluviaux et lacustres sur 15.000 km, alors qu'ils sont incontournables dans le vaste bassin du fleuve Congo. Ce n'était pas non plus la spécialité des deux *Chinoises.*

et extérieures : ressources budgétaires, allégement de la dette, ressources additionnelles (réforme des entreprises publiques et privées, amélioration du climat des affaires), et épargne intérieure.

5. À aucun moment, le programme 2007-2011 n'avait fait allusion à un gonflement pharaonique des chantiers d'infrastructures.

6. Le programme gouvernemental n'avait pas évoqué, même de manière indirecte, un financement au moyen des richesses naturelles. Avant septembre 2007, le concept de *troc* était totalement inconnu.

On avait fait tout et n'importe quoi ; tout le temps et mal. C'étaient autant d'anomalies répétées et révélatrices d'une vérité têtue, mais cachée, selon la *théorie des exoplanètes*.

Le véritable Premier ministre

Les pyramides d'Égypte ne sont pas le fruit de visions personnelles de pharaons. Ces œuvres étaient collectives et bénéficiaient du concours de plusieurs scientifiques : architectes, astronomes, géologues, etc. Il fallait une ingénierie pour guider et coordonner de nombreux corps de métiers et des milliers de travailleurs, pendant plusieurs années.

Au lendemain du *17 Septembre*, on loua *Machi (Mc)* :

« Il faut féliciter les amis qui ont eu l'idée et qui ont mené ce projet. »[29]

Mc ne cacha pas qu'il fut le seul artisan ! Le vrai héros[30] :

« (Endéans le mois)… une délégation chinoise vint au pays et conclut le fameux contrat de 6 milliards USD… Quel crime abominable que celui de ramener au pays, à un moment de besoin inouï, en un si court laps de temps, un tel pactole ! »

[29] Jean Mbuyu, Dialogue entre Congolais sur Radio Okapi, septembre 2007.
[30] Katumba, Op. cit. p 196.

Le héros fut aussitôt récompensé par *Boss (B*). La presse[31] qualifia *Machi (Mc)* de « Premier ministre » quand il devint le secrétaire exécutif de l'Alliance pour la *Majorité Présidentielle (AMP)* qui exerçait la réalité du pouvoir.

[Après avoir gagné les élections présidentielles, législatives et provinciales, l'*AMP* est devenue une alliance de gestion de pouvoir pendant les cinq années du mandat en cours. Il s'agit, notamment, de s'impliquer dans la reconstruction nationale à la réalisation des Cinq Chantiers…][32]

D'autres encensèrent *Machi*, directement et à profusion[33] :

« *(Machi)* allie plusieurs valeurs humaines : clairvoyance, rigueur, nationalisme, réserve, discrétion, fidélité, loyauté, sérieux, humanisme, humilité, goût du beau, moralité. Clairvoyant, l'homme traite minutieusement les affaires publiques qui passent par ses mains, dans un écrémage comme le ferait un ingénieur assis dans son laboratoire. Il s'attire les ennuis de ceux qui espèrent s'infiltrer dans les nominations à coups d'influence, de clientélisme ou d'injections financières. Il arbore la rudesse. Les prétentieux, qui se butent à sa fermeté, jonglent avec la rhétorique du dénigrement. Il ne faut pas le compter dans le tripatouillage des dossiers délicats. Dans sa recherche de l'équité, les abuseurs crient à la rancune. »

Le contrat du siècle aura été une œuvre titanesque, mais d'un seul individu. Des qualités, même indéniables, et des pulsions personnelles géniales pourraient convenir à des joueurs et parieurs, mais pas à un pays. C'était prétentieux. Et ce n'était pas sérieux ! Des lacunes et des incohérences étaient inévitables. Cela devait arriver un jour. Cela apparut vite, et au grand jour. Il y eut de nombreux ratés.

Déjà les négociations furent menées sans experts. Ensuite, en septembre 2007, les *amis* Chinois de l'Hôpital inachevé furent sabotés. Puis, le même mois, on préféra ignorer le

---

[31] Omer Nsongo die Lema, L'Avenir, novembre 2007.

[32] Tous droits réservés pour cette citation.

[33] Dadei, *Le Soft*, novembre 2007.

don de la *BM* en matière d'électricité pour s'endetter en signant avec *ABB Holding*.

[L'intrusion de l'Afrique du Sud était la marque personnelle de *Machi*. Il était revenu au Congo, comme un agent d'intérêts sud-africains. Des Congolais, émigrés comme lui, avaient obtenu la nationalité sud-africaine. Pourquoi pas lui ? Il ne rompit jamais avec le Sud où son épouse restait à demeure.]

Alors que l'encre du contrat du siècle était encore fraîche, on avait oublié les *Chinoises* pour pactiser avec des Sudafs :

[Au Katanga, l'Afrique du Sud s'implique dans la construction des infrastructures routières, notamment une autoroute de 100 km Kasumbalesa-Lubumbashi, un tronçon de 180 km Likasi-Kolwezi, un quartier commercial à Lubumbashi, 13.000 km de route de desserte agricole et 400 km de routes intérieures. Les sociétés des chemins de fer, d'électricité et d'eau travailleront avec des firmes sud-africaines…]

Pour comble d'absence de plan et de cohérence, *Mos*, pourtant un proche de *Machi*, contractera avec les mêmes *Chinoises* pour réaliser 57 km de rues de Lubumbashi. Mais en dehors du contrat de 2007 qui englobait les mêmes travaux.

La province de l'Équateur conclura, avec les Finlandais *Equatorial Energy & Water Ltd* et *Trinitas Financing Ltd*, des contrats de troc en vue de construire, pour 210 millions d'Euros, 7 centrales électriques de biomasse d'une capacité de 10 mégawatts chacune, en échange de permis d'exploitation d'or, de diamant, de fer, de bois et d'huile de palme pour une période de 75 ans[34].

À ce rythme c'est tout le pays qui serait mis en vente à la criée, comme sur un trottoir !

---

[34] http://www.digitalcongo.net/article/73418

Tiq fut de la kermesse. Il reçut, anormalement, les meilleurs morceaux des richesses naturelles. Il se fera une réputation sulfureuse[35] jusqu'à Londres[36] et à la Maison Blanche[37].

Au lendemain du *17 Septembre*, *Tiq* fit les gros titres, à propos d'une énorme ressource naturelle, inattendue : le fer.

[7 milliards USD seront investis dans un projet d'exploitation de fer dans le territoire de Banalia, situé à 125 km au nord de Kisangani par *Oriental Iron Company (ORICO)*, une multinationale constituée principalement de capitaux israéliens… selon Dan Gertler *(La Tique, Tiq)* qui est le patron d'*ORICO*, la société a déjà commencé la phase d'exploration et procédé aux forages de reconnaissance qui ont prouvé l'existence de minerais de fer. En 2011, *ORICO* passera à la phase d'exploitation. Elle espère acheminer de Banalia à Banana, dans le Bas Congo, 65 millions de tonnes de fer par an. »[38]

Ainsi, *La Tique* investirait davantage que la Chine ! Les 65 millions de tonnes de fer qui sortiraient chaque année sur la façade Atlantique représentaient un transport de 5 millions de tonnes par mois et, chaque jour, 178.000 tonnes ou 4500 containers de 40 pieds. Cela nécessiterait des travaux titanesques sur le bief navigable de 1222 km entre Kisangani et Kinshasa, la réfection de l'historique chemin de fer de Stanley (Kinshasa-Matadi) et son prolongement jusqu'à Banana où serait construit un port en eau profonde ! Tout cela, en trois années, et sans études techniques et environnementales. Car, « impossible n'est pas *Tique* ».

Après le diamant, *Tique* deviendra le grand illusionniste sortant des poches de l'État des lapins de richesses naturelles et les faisant disparaître dans d'autres poches…
Saura-t-il se cacher lui-même ? À suivre !

---

[35] Une réputation d'être au cœur de la corruption en RDC.
[36] Critiques du député britannique Eric Joyce, 2011.
[37] Sanctions américaines de Donald Trump.
[38] Radio Okapi, mars 2008.

UNE PREMIÈRE « NOUVELLE INDÉPENDANCE »

Tirs nourris sur les Occidentaux

Moins de trente mots faisaient fantasmer le monde entier :

[La Chine investira au Congo 6 milliards USD en infrastructures et 3 milliards dans les mines. Au total, 9 milliards qu'aucun pays occidental n'aurait pu débourser…]

C'est toujours ainsi : les gens aiment les bagarres, les guerres et le sang. Cela relèverait de la nature humaine qui serait bagarreuse. Les Romains avaient les gladiateurs. Aujourd'hui, on adore les films et les jeux-vidéo violents. Le *17 Septembre* fit l'effet d'une bombe ; il devait y avoir de la bagarre. En attendant le sang, c'est l'encre qui coula.

Certains affirmèrent que l'accord avait bousculé l'ordre économique et politique dans un continent sous l'influence et la tutelle des *Occidentaux*.

D'autres pensèrent qu'avec le *contrat du siècle*, « l'Occident allait s'éveiller ! » Surtout la vieille Europe.

Les *Occidentaux* allaient-ils changer de regard envers l'Afrique ? Allaient-ils combattre la Chine ? Ou accepter qu'elle relance la colonisation en devenant la nouvelle destination des matières premières et l'origine des produits de traite ? Ou établir des relations triangulaires Occident-Chine-Afrique ? Ou sortir des griffes et des crocs de carnassiers pour dépecer aussi la bête africaine ? Sans cacher ses états d'âme ou ses vieux vêtements rapiécés de « civilisation » et d'« antiesclavagisme », désormais dénommés « bonne gouvernance » et « développement durable » ?
Mais c'était un peu tard ! Tout avait été consumé à la Saint-Valentin 2005[1] avec la renonciation à faire des affaires et à prendre des risques au Congo.

---

[1] Supra p 60.

Certains admirèrent la Chine : entreprenante, vendant infrastructures, marchandises et services, sécurisant ses sources de matières premières et s'attribuant la gloriole d'une deuxième Indépendance des Afriques.

D'autres remodelèrent le fameux *péril jaune*[1]. La nouvelle Chine commettait des fautes pour la nouvelle morale internationale en éludant la transparence et le respect des nouveaux usages envers les pays pauvres, par exemple, les taux d'intérêt non commerciaux, dits « concessionnels ».

Certains décryptèrent le modèle du *gagnant-gagnant* :

« La Chine ne pose pas de questions. Mais cette attitude peut bien camoufler des abstentions coupables et des abus de faiblesse. Cela pourrait également exprimer du mépris. Les racistes ne regardent jamais les gens dans les yeux, et lorsqu'ils le font, ils perçoivent des choses de genre, comme des grains de haricot semblables aux autres grains. Était-ce vraiment une qualité que de se comporter comme un âne dont le champ visuel est limité par des œillères, et qui ne verrait rien sur les côtés ? »[2]

D'autres voix anti-impérialistes firent du bruit. À Kigali :

« Les Européens se demandent ce que font les Chinois en Afrique ? Ils feraient mieux de se demander ce qu'ils ont réalisé au cours des 50 dernières années. En quoi l'Afrique a-t-elle bénéficié de ses contacts avec l'Europe ? À se demander s'il n'a pas été assigné à l'Afrique la vocation de rester un lieu dont d'autres exploitent les richesses, et où s'exerce leur compassion. L'Afrique doit pouvoir s'exprimer par elle-même. »[3]

Certains déterrèrent la hache de guerre anticoloniale[4] :

---

[1] Crainte des Blancs d'être surpassés par des Asiatiques, Japonais et Chinois.

[2] Marcel Yabili, Op. cit. p 167

[3] Colette Braeckman, *Paul Kagame contestant la pertinence du rapport Mapping de l'ONU de 1993 à 2003,* Le soir, octobre 2010.

[4] Robert Crem, Blog Congoreading ,octobre 2007.

« Les actions et aspects néocolonialistes des "aides" bilatérales, des ingérences et des spoliations capitalistes se font au mépris des populations. La voie de salut est la remise en état et le développement des infrastructures de transport que la colonisation avait limitées aux besoins industriels et commerciaux en importations et exportations. L'action chinoise est la voie de salut. Seule la Chine a les moyens financiers et techniques ainsi que la volonté de ce vaste programme. Il sera toujours temps de réaménager le programme sino-congolais. Le Congo ne peut ni le reporter ni le refuser. »

D'autres formuleront des théories audacieuses sur le nouvel ordre mondial[1] :

« Le *contrat du siècle* est un bon exemple du basculement juridique du monde, c'est-à-dire l'essor de nouveaux "espaces normatifs" au carrefour du politique et de l'économique (la territorialité de la loi, les règles de conflit de loi et de juridiction, la localisation, l'ordre public, la représentation, etc.). Ces espaces sont construits par les acteurs privés (les entreprises transnationales) et les gouvernements de pays "subalternes » suivant une nouvelle « constitution du monde". C'est entre la Chine et l'Afrique que ces nouveaux espaces normatifs sont les plus exemplaires de cette mondialisation en marche. »

D'autres, cependant, s'interrogèrent[2] :

« Le défi chinois est de réaliser la plupart des infrastructures en trois ans. Le Congo bénéficierait en 36 mois de davantage de progrès que durant les 47 ans d'indépendance ou même durant la colonisation belge ! Mais la question cruciale n'est pas posée ; elle trouvera réponse tôt ou tard. On ne doute pas du savoir-faire chinois en infrastructures, mais peut-on réaliser du développement durable sans progrès politique ni

---

[1] Gilles Lhuilier, 2015 http://www.gis-reseau-asie.org/fr/mai-2015-le-contrat-sino-rdc-minier-du-siecle-et-la-constitution-du-monde.

[2] Howard French *International Herald Tribune,* septembre 2007 http: //www.iht.com/articles/2007/09/21/news/letter.php? WT.mc_id=rssasia

émergence d'une société civile solide ? À quoi serviraient des universités sans livres ou des hôpitaux sans médicaments ? »

On pouvait aussi formuler le questionnement fondamental sur la RD Congo :

Où étaient la *volonté politique* et le *leadership* ? Cette omission était le creuset de l'absence d'un État qui générait aussi la faillite de l'État.

Une tare qui apparaîtra au grand jour lors de l'effondrement de l'Afghanistan, repris par les Talibans, en 2021[1].

Même l'argentier n'en savait rien

Les milliards USD de Chine avaient l'effet soporifique de l'opium, mais avec des vapeurs de boules puantes[2] :

« Le front des Congolais est resté longtemps courbé sous le joug des gouvernements *occidentaux* et des multinationales. Aujourd'hui l'heure est venue de bousculer les traditions et de tenir bon devant le *FMI* et la *Banque Mondiale*. Ces institutions sont avec nous depuis des générations, mais notre pays n'a pas vu le bout du tunnel. Au contraire, le Congo n'a fait que creuser le fossé des inégalités sociales… Il est évident que les ennemis du peuple congolais ne veulent pas le voir goûter au fruit défendu de la prospérité économique. Le développement de la RDC dépend du partenariat égalitaire avec Pékin. »

La Chine était devenue l'*opium* des Congolais, mais dans le secret. Cette dissimulation n'était pas acceptable pour un État et ses partenaires habituels et attentionnés.

---

[1] « On peut donner des moyens, on peut entraîner, on peut soutenir, on peut conseiller, mais on ne peut pas fournir de la volonté. On ne peut pas acheter le leadership. Le leadership est le facteur décisif. » John Kirby attaché de presse du Pentagone, août 2021.

[2] *L'Avenir* - Edito du 22 septembre 2007.

Débarquée le lendemain du 17 septembre, la délégation du *Fonds Monétaire International (FMI)*, conduite par Brian Ames, chef de division du Département Afrique, voulut s'informer sur la nouvelle donne chinoise.

Malheureusement, le ministre congolais des Finances n'avait jamais vu des documents qui avaient été négociés à l'insu du gouvernement.

Ne pouvant pas en parler et ne sachant quoi dire, le ministre en eut des insomnies.

« Il n'a pas fallu longtemps pour voir le *Fonds Monétaire International (FMI)* et la *Banque Mondiale (BM)* se mettre à blâmer les responsables de la RDC, le président de la République en tête, pour leur témérité. La très forte pression que les *Occidentaux* mettent sur les dirigeants de la RDC n'est « justifiée » que par l'égoïsme et la mauvaise foi. Le ministre des Finances du Congo-Kinshasa, Athanase Matenda passe des nuits blanches. La cause : la délégation du FMI a mis la pression sur lui afin de se faire remettre une copie des accords de coopération économique signés entre le Congo et la Chine. »[1]

Le dossier chinois resta sous le coude. Même des années plus tard, il sera toujours difficile d'en connaître les contenus et les contours[2] réels.

[L'absence de transparence fut une constante des transactions anormales. Sans les *Chinoises*, elle fera perdre, en 2012, un financement du *FMI*, pour ne pas dévoiler des droits de *Tiq*.]

Les « Occidentaux » persistent et signent

La différence entre un riche et un pauvre est que le riche a, avec lui, le temps, en plus de la fortune et des moyens de

---

[1] L'Avenir, Edito du 22 septembre 2007.

[2] Global Witness « La Chine et le Congo : Des amis dans le besoin » - 2011

vivre et de survivre. Il peut attendre. Le riche s'enrichit avec le temps. La durée rapporte aussi des intérêts sur l'argent.

C'était le cas des *Occidentaux*. Ils réagirent au *17 Septembre*, sans précipitation. Brian Ames du Fonds Monétaire International émit, le 5 octobre, un communiqué qui ignorait totalement le *contrat du siècle* :

« Notre mission au Congo a eu des discussions pour faire le point sur la mise en œuvre du programme de suivi par les services du *FMI* (PSSF) pour passer en revue les politiques économiques et financières pour le reste de l'année et examiner le projet de loi de finances de 2008 ».

De son côté, la *Banque Mondiale* ne gela aucun dossier. Comme attendu, elle lança, en octobre 2007, le processus du don de 296,7 millions USD pour renforcer la consommation locale et l'exportation de l'électricité.

En novembre 2007, tout le monde se retrouva à Paris. Il y avait 140 représentants de 15 pays, de 10 organisations internationales[1] et du « Groupe Consultatif sur la RDC », dont la Chine faisait partie.

Sous l'effet de l'automne français, Kinshasa joua le « bon élève » et jura de respecter les recettes occidentales de reconstruction de « pays pauvre et post-conflit » et de développement durable, au moyen du fameux *DSCRP*[2] et du *Programme d'Actions Prioritaires (PAP)*[3].

---

[1] http://web.worldbank.org/WBSITE/EXTERNAL/ACCUEILEXTN/PAYSEXTN/AFRICAINFRENCHEXT/CONGODEMOCRATICINFRENCHEXTN/0,contentMDK:21571994~pagePK:1497618~piPK:217854~theSitePK:466649,00.html

[2] *Document de Stratégie de la Croissance et la Réduction de la Pauvreté*. Programmation financière à court terme consistant notamment à rationaliser les appuis financiers internes et externes et cadre de référence des interventions du Gouvernement et des partenaires en vue d'atteindre le point d'achèvement qui conditionne l'accès aux avantages liés à l'allégement du fardeau de la dette et à des prêts bonifiés par des taux d'intérêt dits *concessionnels*.

[3] Programme de la première année d'effacement de la dette. Dans les deux années suivantes, il y aurait effacement de 90 % de la dette extérieure, avec éligibilité à de nouveaux financements importants.

De son côté, le « Groupe Consultatif » confirma ses promesses d'aides. Un tour de table permit de réunir, sur-le-champ, « 4 milliards USD[1] pour les trois années à venir (2008, 2009, 2010), soit un peu plus de 1,3 milliard USD par an, dont 75 % représentaient des engagements nouveaux destinés à appuyer la stabilisation politique et économique du pays, la reconstruction après-conflit et les réformes en matière de gouvernance[15] ».

Ce fut un grand moment de vérité sur les *Occidentaux*.

À ne pas oublier !

En novembre 2007, à Paris, ces *Occidentaux*, qui étaient raillés et diabolisés depuis le *17 Septembre*, n'étaient pas en guerre avec la Chine ! Et tant mieux, car :

« Lorsque des éléphants se bagarrent, c'est l'herbe sous leurs pieds qui souffre ! »

En fait, les *Occidentaux* honoraient leurs engagements de 2006 : ils mettaient sur la table la moitié des milliards du *contrat du siècle*. Pas en prêts et en échange de ressources naturelles, mais en dons. Pas en travaux ponctuels, mais en valeurs universelles : de durée, de stabilisation politique et économique, de reconstruction et de bonne gouvernance.

Ils n'étaient pas naïfs. Le *contrat du siècle* était bel et bien sur la table parisienne. Ils l'expédièrent en une seule phrase. À se souvenir :

« Le gouvernement congolais s'est engagé à ce que toute nouvelle dette ne remette en cause le principe de soutenabilité[2] de la dette extérieure[3] ».

Les *Occidentaux* reconnaissaient la souveraineté du Congo pour contracter avec la Chine ou avec d'autres pays. Mais sur le plan technique, la RD Congo devait prendre une calculette et s'assurer que tout créancier nouveau lui

---

[1] Le budget de la RD Congo pour 2008 était de 3,3 milliards USD.

[2] Une dette qui ne perturbe pas les finances d'un pays est dite « soutenable ».

[3] 11,5 milliards USD en décembre 2006.

permettrait d'honorer les échéances des nouveaux endettements, sans sacrifier les dépenses nationales et sociales essentielles.

En automne, de belles paroles pourraient s'envoler comme des feuilles mortes ! Le climat resta tendu. Au contraire de la clarté et de la constance des *Occidentaux*, la RD Congo gardait toujours secret ce qui avait été annoncé avec tambours et trompettes le *17 Septembre*.

«Les institutions de Bretton Woods[1] ont précisé leurs exigences. Elles tiennent à connaître le contenu des accords signés avec la Chine[2]. Elles brandissent les principes universels en matière de coopération et de prêts entre États au regard du taux conventionnel de remboursement. Pour elles, il est question de vérifier si la RDC et la Chine ont respecté ces principes et si le prêt chinois ne va pas peser davantage sur la dette extérieure de la RDC. Dette en cours de négociation au niveau de la *Banque Mondiale* et du *FMI*, ainsi que du *Club de Paris*[3] pour obtenir l'annulation d'au moins 9 milliards USD. Selon des observateurs avertis, la *Banque mondiale* et le *FMI* conditionnent l'accès aux facilités élargies après la transmission officielle des termes de cet accord-prêt non encore rendus publics par la RDC[4]. »

C'était l'impasse.

Tout cela, à cause de l'*État parallèle* et de son rejet naturel et obstiné de transparence !

That's the question ![5] Une question récurrente…

---

[1] *Fonds Monétaire International* et *Banque Mondiale*.

[2] En 2012, la RDC refusera de dévoiler des contrats impliquant *Tiq*. Le *FMI* annulera son programme de prêts et un décaissement des 225 millions USD.

[3] Le *Club de Paris* regroupe *Banque Mondiale*, *Fonds Monétaire International* et *Banque Africaine de Développement* et des États. Les créanciers privés forment le *Club de Londres*.

[4] Le Potentiel, 28 avril 2008.

[5] C'est le problème !

L'improbable bombe nucléaire

Machi (Mc) était seul aux fourneaux. Mais… Est-ce que *Boss (B.)*[1], lui-même, savait ce qu'était exactement le *contrat du siècle* ? La question méritait d'être posée. Le culte du secret est un atout pour jouer au *poker menteur*, mais dans les affaires d'un État, la dissimulation et l'intrigue, la ruse et le manque de leadership peuvent installer de l'ignorance et conduire à des erreurs. Et à des gaffes…
Au lendemain du *17 Septembre*, *Boss (B)* chercha à ménager la chèvre chinoise et le chou américain, le dragon de Pékin et l'aigle de Washington.

[Une stratégie fut sans doute inspirée par *La Tique*, qui voyagea à Pékin-2005 et qui fut lobbyiste de *B.*, à Washington.]

À Kinshasa, le vieil ambassadeur américain William Swing prit sa retraite avec le sentiment du devoir accompli. C'est lui qui avait pris *Boss,* par la main, en 2001, pour guider ses premiers pas qui l'avaient amené à Washington. En 2005, les Américains « récoltèrent », dans la même charrette que *La Tique*, la fabuleuse mine de cuivre de *Tenke Fungurume (TFM)*. Ce projet fut, par anomalie, réduit à 40.000 tonnes de cuivre par an… Puis, en 2007, ils annoncèrent subitement 115.000 tonnes par an, avec 78 à 156 années d'exploitation[2]. Avec cela, les USA n'objecteraient pas au *17 Septembre* ni à la remise de mines aux *Chinoises.*

Puis, *Boss* voyagea aux antipodes de Pékin, pour l'Amérique. Le mardi 23 octobre 2007, il se rendit en Arizona chez *Phelps Dodge*, l'exploitant de *TFM.* Il visita la mine de cuivre *Morenci* et les installations du *Process Technology Center* près de Safford[3]. Là, miracle ! Il aperçut, pour la première fois de sa vie, des bennes géantes de plus de 250 tonnes ! Les mêmes qui sillonnaient les carrières de

---

[1] *Boss* est le nom consacré, dans *Ma Vérité*, op.cit.

[2] La Commission de Revisitation des contrats miniers visa 500.000 tonnes/an.

[3] Eastern Arizona, octobre 2007.

Kolwezi bien avant sa naissance… Mais tout cela était *new* et *giga* pour *Boss*. Encore écrasé par ce gigantisme, il fut reçu le vendredi 26 octobre par George W. Bush, à la Maison-Blanche. Comme toujours, il afficha :

« sa prudence, son manque de loquacité, voire son absence quasi totale de communication, sinon de charisme. »[1]

Il était le seul chef d'État au monde qui ne parlait et ne répondait jamais, en public et spontanément, à des journalistes. Bush lui prêta la parole dans un communiqué unilatéral de la Maison-Blanche. *Boss (B.)* aurait dit :

« Monsieur le président, c'est la deuxième fois que nous nous rencontrons dans ce Bureau Ovale. En 2003, nous avions parlé des élections ; elles ont été organisées. Maintenant, nous avons besoin du soutien des États-Unis pour assurer la stabilité sur tout notre territoire afin de commencer le très long voyage de développement et de lutte contre la pauvreté… Ensemble, continuons à aller de l'avant et davantage plus loin. »[2]

Ce disant, il jura que, malgré le *contrat du siècle* et malgré les *Chinoises*, il resterait un bon élève des *Occidentaux*. Et pour être crédible, il accorda des gages à Washington :

« Les États-Unis et la RDC ont convenu de collaborer dans le grand projet *Africom*[3]. Pour ce faire, les États-Unis s'engagent à réhabiliter et moderniser les bases militaires congolaises de

---

[1] Colette Braeckman, http://blogs.lesoir.be/colette-braeckman/2007/10/02/le-scoop-du-siecle-kabila-se-serait-enfin-lache/

[2]https://georgewbush-whitehouse.archives.gov/news/releases/2007/10 /20071026-1. Html.

[3] C'est en 1995 que Bill Clinton lança *l'Africom,* un centre de commandement pour l'Afrique dont l'idée avait été concoctée pendant des décennies. Suite à la bataille de 1993 à Mogadiscio, illustrée par *La chute du faucon noir* (film de Ridley Scott), les USA éviteront d'envoyer des soldats dans des missions onusiennes de maintien de la paix en Afrique. En 1996, ils lancèrent l'*African Crisis Response Initiative (ACRI)* pour entraîner des forces armées africaines à ces missions. En 2002, l'ACRI fut remplacée par l'*African Contigency Operations Training and Assistance Program (ACOTA)* de 9 bataillons de près de 9000 soldats africains. En février 2007, Georges W. Bush créa l'*Africa Command (AFRICOM)*, le nouveau commandement pour l'Afrique.

Kitona et de Kamina[1]. Bush voulait mettre en place *Africom* avant septembre 2008. »

Malheureusement, l'emprise chinoise était la plus forte. Obsessionnelle. Comme une sorte d'ivresse qui monterait à la tête. Aux confins d'un coma éthylique.

Cette boule explosa, comme *Hiroshima* !

C'est au cours de ce séjour américain qu'un champignon nucléaire s'échappa d'une interview en marge de la 62e session de l'assemblée générale de l'ONU à New York.

L'authenticité et l'incohérence des propos et leur invraisemblance comptaient moins que la *saillie* d'un *Boss*, porté sur les épaules de la Chine. Plus confortablement assis que sur un *tipoye*[2], il pouvait *niquer* les *Occidentaux* et les écarter négligemment avec l'arrogance d'un chasse-mouches[3] : « Oui, j'ai signé un accord de coopération militaire avec la Chine afin de doter mon pays d'une armée moderne et surtout de l'arme nucléaire d'ici 2011. Mon pays dispose de la plus grande réserve d'Uranium du monde. Notre Uranium est naturellement enrichi, j'ai bon espoir de disposer de la bombe nucléaire d'ici la fin de mon premier mandat ».

Ces propos surprenants, mais juteux dans un roman, colleraient au personnage belliciste qui fut révélé par deux fois.

[Le 21 août 2006, 14 ambassadeurs se trouvaient dans la résidence du vice-président Jean-Pierre Bemba. Informé, Boss quitta Kinshasa et ferma son téléphone. Il fit bombarder la villa, avec les diplomates dedans. Sans sommation. Il y avait là le chef de la MONUC et les ambassadeurs d'Afrique du Sud, d'Angola, de Belgique, du Canada, du Gabon, des États-Unis, de la France, du Royaume-Uni, de la Russie, de la Zambie et de la Chine ! Ils durent se réfugier dans la cave. Dans le jardin, un hélico de Bemba fut pulvérisé. Les diplomates furent

---

[1] Mais, rentré au pays, les deux bases militaires seront remises aux Chinois !

[2] Chaise à porteurs.

[3] Interview prêtée au journaliste américain Jackson Wilson, reprise triomphalement par le journal *Uhuru* et le site www.digitalcongo.cd, tous deux proches de *Boss*. Le texte fut rapidement retiré. Le directeur de *Uhuru* fut révoqué.

exfiltrés par un convoi blindé de l'ONU. C'était sans doute la première fois dans l'Histoire qu'on bombardait des ambassadeurs. Pire, viser des représentants du secrétaire général et des membres permanents du Conseil de Sécurité de l'ONU fut une impulsive déclaration de Guerre… Mondiale !]

[En mars 2007, le même Jean-Pierre Bemba, élu sénateur, fut délogé aux tirs de canon de chars pilotés par des Angolais[1], dans les rues et en plein jour, faisant des milliers de civils traumatisés et plus de 300 morts. Le prétexte était de désarmer les gardiens de Bemba. Mais comme ils étaient encerclés, il aurait suffi de les assiéger ! Et selon la leçon du Moyen-Âge, ils auraient été à court d'eau et de vivres et ils se seraient rendus. Bemba se réfugia à l'ambassade d'Afrique du Sud ; il fut aussitôt, menacé par un mandat d'arrêt pour « haute trahison ». Bemba quitta le pays pour le Portugal. Ce fut là un autre épisode caractéristique de *Boss* : la violence et l'usage de la force et du recours disproportionné à la force. Ses dix-sept ans au pouvoir se termineront dans le bain de sang de manifestants chrétiens, pacifiques non armés, qui réclamaient les élections.]

Boss était arrivé au Congo, le doigt sur la gâchette et prêt à tirer sur ce qui bougerait, dans une violence extrême et omniprésente. Pire que *Dallas*[2] : un univers impitoyable !

[En 1998, Yerodia Addulaye Ndombasi, alors directeur de cabinet de *Vieux*, passa à la télévision pour inciter la population à se défendre contre les troupes d'invasion rwandaises qu'il qualifia de « virus, moustique et ordure à écraser avec détermination et résolution ! ». Douze personnes, dont cinq de nationalité belge portèrent plainte à Bruxelles contre Yerodia pour « crimes contre l'humanité et crime de génocide ». Le juge d'instruction belge Damien Vandermeersch[3] émit un mandat d'arrêt international contre Yerodia. La RDC saisit la *Cour Internationale de Justice* de La Haye pour annuler l'ordre de

[1] Intervention militaire reconnue, en 2018, par le président angolais Lourenço.
[2] Feuilleton télévisé de David Jacobs, aux 357 épisodes (1978-1991).
[3] http://www.ulb.ac.be/droit/cdi/fichiers/MandatVdm.html

l'appréhender, parce qu'il était devenu ministre des Affaires étrangères et qu'il jouissait désormais de l'immunité diplomatique ! Mais le soir du 20 novembre 2000, la veille de la plaidoirie ultime à La Haye, *Vieux* opéra subitement un remaniement ministériel qui visait spécialement Yerodia. Celui-ci quittait le ministère des Affaires étrangères, à portée diplomatique et internationale, pour devenir un simple ministre de l'Éducation nationale, à portée locale. Yerodia fut dénudé par *Vieux* et désormais bon à être arrêté et extradé ! Mais par une énorme surprise, et contre le bon gré de *Vieux*, la juridiction internationale paralysa le mandat d'arrêt ! Quelle méchanceté et quelle mouche avaient piqué *Vieux* pour qu'il tente de livrer à la Belgique Yerodia, son camarade de maquis de 1965 ?]

[En octobre 2004, *Machi* n'hésita pas à voir le sang couler. Quelques insurgés avaient occupé Kilwa, sur le lac Moëro. *Machi (Mc)* accourut avec l'instruction de les réprimer dans les 48 heures, pour protéger une exploitation minière australienne, à proximité. Il s'ensuivit le massacre de ses propres parents ethniques. Par la suite, *Mos*[1], l'autre parent ethnique de *Mc*, prit manifesta contre les activistes des droits humains qui dénonçaient les *investisseurs* Australiens qui avaient fourni la logistique du massacre de Kilwa[2]. *Machi (Mc)* s'arrangea pour priver ses *frères* de procès et d'indemnisations équitables[3].]

[Un industriel congolais avait eu une commande de *Vieux* ; une commande de la présidence de la République ! Une commande sans aucun risque. Parce qu'« à ce niveau-là, on paie immanquablement » ! Mais il ne fut jamais payé. Il s'adressa à

---

[1] À Kilwa, la répression visait à rétablir un climat des affaires propice aux tractations de *Mos* avec ces mêmes Australiens qui lui fournirent la fortune en argent (Nestor Kisenga, *L'art de piller propre*, Congolobbying, 2016) et en politique (Thierry Michel, *Irrésistible ascension de Moïse Katumbi*, 2013).

[2] Asadho, *Rapport sur les violations des droits de l'homme commises à Kilwa au mois d'octobre 2004*, janvier 2005.

[3] En août 2017, la Commission africaine des droits de l'homme et des Peuples (CADH) établira la responsabilité de l'État dans la mort de 70 personnes et allouera 2,5 millions USD aux victimes et à leurs familles. Une somme qui aurait pu être payée par *Machi (Mc)*, ou à sa demande.

Mc qui jouissait de toutes les introductions pour régler le problème par un simple coup de téléphone. Qu'il ne donna jamais ! Mais les fois où il téléphona, ce fut pour couler l'industriel. Celui-ci avait gagné un marché des Nations Unies. *Mc* le fit remplacer par un ami blanc. Mais à la livraison, l'ONU refusa de réceptionner la marchandise qui n'était pas conforme. L'ami blanc était ruiné ! Aussitôt, il fut recommandé à *Mos* qui le paya sans sourciller, et se remboursa en saturant le marché local. L'industriel congolais, concurrencé, fut étranglé une nouvelle fois. Et il ferma son usine. Plus tard, *Mc* expliqua : « c'est vrai, il est impayé… Il est ruiné ! Le Congo est cruel. Nous l'avons tué, le pauvre ! Le Congo est mauvais ! »]

Avec la culture ambiante, les propos de *B.* sur la bombe atomique ne seraient pas étonnants. On lui en prêta d'autres !

[Une ambassadrice avait été harcelée et dégrafée, dans les bureaux de la présidence, par le plus proche collaborateur. Scandale ? Non ! Il n'y eut pas de véritables excuses ni de sanctions. L'agresseur sexuel fut bougé de poste. La dame agressée aurait été coupable, à cause de son charme naturel. Etc. D'où l'indignation de Michaëlle Jean[1] qui accourut à Kinshasa plaider publiquement, et en présence de sa diplomate, contre les violences faites aux femmes.]

[La Suisse avait bloqué pendant dix ans la fortune[2] de Mobutu, sans que Kinshasa ne manifeste d'intérêt pour la récupérer ; même après la visite spéciale de la présidente helvétique Micheline Calmy-Rey au Congo en 2007 pour rappeler l'échéance du gel des fonds ; même après la saisie réalisée à titre personnel par Mark Pieth[3], en 2009[4] Au cours d'une réunion du conseil des ministres, il demanda : « pendant combien d'années Mobutu avait gouverné ce pays ? Trente-deux ans ? Est-ce que pendant autant d'années il n'avait pas pu

[1] À l'époque, gouverneure générale (Nb Chef d'État) du Canada.
[2] 5,2 millions d'euros en 2009.
[3] Professeur de droit à l'Université de Bâle, agissant pour le peuple congolais !
[4] M. Yabili, *le Géant.*, op.cit. p 189

gagner l'argent qui est en Suisse ? ». Et il classa l'affaire. Et la famille de Mobutu récupéra les fonds suisses !]

[Des activistes des droits humains s'en étaient pris à une usine indienne construite sur la nappe phréatique qui ravitaillait en eau la ville de Lubumbashi. Ils réclamaient le démantèlement de l'usine. Il se rendit sur place pour dire : « ce que je vois, ce sont des gens qui ont dépensé beaucoup d'argent pour installer leur usine ». L'affaire fut classée. Sans davantage de souci pour la sécurité sanitaire de la deuxième ville du pays.]

[Visitant une exposition, il dit à un artiste : « j'aime l'endroit que vous avez photographié ; la prochaine fois, je vous y amènerai pour prendre des photos ». Comme si le talentueux artiste ne savait que photographier cet endroit !]

[Commandant un grand bateau de plaisance sur le fleuve Congo, il demanda qu'il puisse naviguer à 132 kmh !]

[À un nouveau building de verre, surplombant une cathédrale en briques, il aurait donné le nom mystique d'*Hypnose* !]

[Une forte pluie fit tomber le mur de clôture de ses bureaux à Lubumbashi. Personne n'osa toucher aux briques, jusqu'au jour où lui-même s'en aperçut et ordonna : « enlevez-moi ça ! ». Il ne donna plus jamais d'autres instructions. Pendant neuf ans, les gardes refermaient les grilles d'entrée, alors que la parcelle restait largement ouverte sur le trottoir et la rue.]

La *saillie* farfelue de la bombe nucléaire proviendrait aussi bien de l'absence de transparence et de la méconnaissance du *contrat du siècle* que de la fascination pour la Chine.

Un jour aussi, *Boss (B.)* proclama[1] :

« Le Congo sera *la Chine de l'Afrique* [2]! »

Voulait-il dire aussi que le pays rêvait d'une *colonisation choisie* et deviendrait une « province » de la Chine ?

---

[1] Interview à Jeune Afrique, 25 juin 2007.

[2] V. Kamerhe, directeur de cabinet, dira aussi à Jeune Afrique : « nous voulons faire de la RDC la Chine d'Afrique. C'est notre rêve », septembre 2019.

LE TEMPS DES RÉVÉLATIONS

Il manque un détail, Monsieur !

Le *17 Septembre* fut une aubaine pour *Boss (B)*. Il disposa d'un outil miracle, libre, sans discipline ni sacrifice ; la panacée de sa pérennité aux commandes du pays, pour les décennies et les décennies à venir…
L'énumération des infrastructures chinoises faisait entendre que c'est tout le pays qui serait reconstruit. L'excitation et l'impatience étant grandes, on annonça le lancement de deux chantiers chinois par mois. Les choses iraient vite !
Malheureusement, on atteignit le mois de février 2008 alors que rien n'avait encore bougé. Les fameux « chantiers de la République » de *Boss* avaient pris 15 mois de retard. La crédibilité du pouvoir était en jeu. Il fallait faire quelque chose. Vite ! Et sans attendre les Chinois !
Vint le 24 mars, on donna le tout premier coup de pioche des *Cinq Chantiers* consacré à la réhabilitation de l'avenue de la Libération à Kinshasa : 13 millions USD pour 13 kilomètres à réaliser en 15 mois. Non par des Chinois ! Mais par les sociétés *Green Line* et *Afritec*. Non pas avec le *contrat du siècle*, mais avec un « don » koweïtien[1].
[Dans les années 1990, un ministre et prince koweïtien, visitant Kinshasa, découvrit le Stanley Pool et sa vaste étendue d'eau douce. Il demanda à Mobutu : « cela coûte combien ? »]

Vint, 18 jours plus tard, le 11 avril avec le deuxième coup de pioche à l'extrémité sud-est du pays. C'est le jour historique des *Cinq Chantiers*, avec, cette fois, les *Chinoises* et le bitumage de l'axe routier Kasumbalesa-Lubumbashi : six mois de travaux, 90 km, 1500 emplois et 136 millions USD. La voie devait assurer l'exportation, dans les quatre ans, de 2 millions de tonnes de minerais par an.

[1] Le Koweït avait déjà financé la réparation de la Route nationale RN1 à Mitendi entre Matadi et Kinshasa.

[Dans le long terme, cette route péchait contre l'histoire et la géographie économiques du pays. Un chemin de fer international, longeant la même route, reliait, depuis un siècle, aux ports sud-africains et mozambicains[2] pour les importations de fournitures et les exportations des produits miniers. Le transport ferroviaire, qui avait aussi des débouchés sur l'Angola et la Tanzanie, sera négligé, et totalement oublié, même matériellement[3], et ne bénéficiera pas de la reprise et de l'augmentation phénoménale du trafic minier et commercial.[4]]

Par anomalie, ces mêmes travaux routiers avaient déjà été alloués par *Boss (B),* à d'autres Chinois, dans un salon de Bukavu[5]. Ils furent intégrés au *17 Septembre*, en formule BOT[6], en même temps que deux autres ouvrages de 100 millions USD chacun :

[Autoroute Lubumbashi-Kasumbalesa, autoroutes de liaison est-ouest à Kinshasa et de liaison ouest-centre à Kinshasa.]

Impulsif, *Mos*, le flamboyant gouverneur du Katanga, vanta le génie de *Boss (B.)* et conclut :

« Avec les *Cinq Chantiers*, vous serez plébiscité en 2011 ! »

À la fin de la cérémonie, les représentants du constructeur *Chinese Overseas Engineering Company (COVEC)*, une filiale de *China Railway (CREC)*, s'inclinèrent respectueusement pour annoncer, à voix basse :

« Avec tout le respect que nous vous devons, Excellence ! Il manque un détail ! Le contrat n'est pas encore signé ! »

Incroyable ! On avait lancé l'inauguration sans savoir qu'il n'y avait pas de contrat ! Cette anomalie pouvait-elle surprendre lorsqu'on avait déjà eu la *fake news* de la bombe nucléaire ? Non ! Le *17 Septembre* n'était pas bien compris.

---

[2] 474 km, dont 220 à l'étranger, atteignant Lubumbashi le 27 septembre 1910.

[3] La route traverse le rail par 4 fois, mais sans aucune signalisation routière !

[4] Cette option visait à avantager les transporteurs routiers.

[5] Katumba, op.cit., page 196.

[6] Build Operate Transfer, avec péage

Le dossier était aussi ténébreux que l'*État parallèle*. Il y avait de nombreux documents et procédures, plusieurs centres de négociations et de décisions, mais sans le moindre briefing général de tous les intervenants congolais, avec toutes les cartes sur la même table.

Il existait deux grands volets. D'un côté, la RD Congo, sans son gouvernement, mais avec un ministre, en roue libre. Elle devait préciser le *17 Septembre* dans une « convention » avec les *Chinoises*. D'un autre côté, la *Gécamines (GCM)*, détentrice des mines. Elle lia langue avec les mêmes *Chinoises*. Le staff de la société se rendit à Pékin pour créer, sans un cahier de charges et à l'aveuglette, l'association *La Sino-Congolaise des mines* (*Sicomines)*.

« Le séjour à Pékin aurait été déprimant. Heureusement le nommé « *Simon* »[7] hébergea la délégation. Pour meubler leurs temps morts, il fit venir les épouses ! Mais pour chaque point, il leur fallait téléphoner à Kinshasa. Avec le décalage de sept heures, il n'était pas évident d'établir le contact selon les disponibilités dans la capitale, briefer et recevoir des directives. Car c'est Kinshasa qui décidait et dictait tout, sans doute après une entente avec les *Chinoises*. Ce qui fera dire à un des négociateurs, ahuri et désabusé : "on a vendu le pays !" »[8]

« Kinshasa », c'était *Machi,* le seul pilote du projet.

Le lendemain du 11 avril, le ministre des Infrastructures, Pierre Lumbi, voyagea en toute hâte à Pékin où toutes les parties intervenantes, RD Congo et *GCM*, furent réunies pour la première fois.

Onze jours plus tard, le 22 avril 2008, furent signés la convention engageant la RD Congo et l'accord de joint-venture

[7] Cong Mao Huai.

[8] Propos de négociateurs ayant demandé l'anonymat.

de *GCM* dans la société *Sicomines*. Ce fut la date véritable du *17 Septembre*, celle du *contrat du siècle* !

L'interminable convoi

Aussitôt, les *Chinoises* embarquèrent au port chinois de *Tien Jen,* 12.000 tonnes d'équipements[9] : 32 camions BN, 22 niveleuses, 22 remorques, deux centrales d'enrobage et de concassage et deux grues de manutention.

Deux mois plus tard ce sont 500 tonnes[10] de matériels qui arrivèrent au Congo : pelles chargeuses, camions-bennes, bulldozers, moteurs de scarification, pick-ups et containers de pièces de rechange. Ces équipements, de couleur rouge vif et flambant neuf, mirent deux jours à parader à travers Kinshasa, sous les acclamations des foules.

[Pourtant, un quart de siècle auparavant, des quantités plus importantes de matériels de génie civil, essentiellement japonais, furent fournis par la *Banque Mondiale*[11].]

Les représentants du peuple n'étaient pas satisfaits. Les députés réclamèrent d'être informés. Le ministre signataire se présenta à l'hémicycle. Et là, il raconta des choses extraordinaires. Il parla de cette histoire de *Gécamines* qui avait droit à 32 % dans *La Sino-Congolaise des mines* (*Sicomines),* mais qui avait souscrit 20 % pour elle-même et 12 % au nom de son employé Gilbert Kalamba Banika. À l'époque, la loi congolaise sur les sociétés plafonnait le nombre de voix, en assemblée générale, à 20 % par associé ; avec un stock de 32 % du capital, *GCM* n'aurait joui que de 20 % de voix. Le ministre l'expliqua aux députés :

---

[9] Débarqués en juin 2008 au port de Matadi.

[10] Arrivés en août 2008

[11] Il y eut six financements BM pour les infrastructures routières. Les trois derniers (1979, 1982 et 1985) totalisèrent 124,5 millions USD. Des entreprises locales avaient réalisé la réfection et l'entretien de 40.900 km de routes nationales et provinciales, avec ponts et bacs pour le compte de l'*Office des Routes (OR)*.

« Lors des négociations de la Convention avec *Sicomines*, le conseil juridique de la partie chinoise a explicitement exigé que la *Gécamines (GCM)* se conforme à la loi et présente un second actionnaire au risque de ne jamais pouvoir voter pleinement avec ses 32 % au capital social. Face à cette contrainte légale, sans préparation et compte tenu de l'urgence, *GCM* a dû attribuer des parts à un de ses hauts cadres… »

C'était incroyable ! Ce sont les Chinois qui avaient révélé aux Congolais leur propre loi *coloniale* de 1887 ! Et c'est Pékin qui exigea « explicitement » que les Congolais défendent les intérêts de *GCM* en sécurisant son droit à 32 % de votes avec deux lots d'actionnaires pour 20 % et 12 % !

Plus incroyable encore, le ministre n'eut pas honte de l'avouer ! Les députés n'en furent pas non plus indignés !

À genoux et sur les genoux de la Chine, les Congolais étaient comme hypnotisés. Épris ! Et bel et bien pris !

La *colonisation choisie* était en marche !

Un vent favorable de Bruxelles

C'est un fait : on a toujours ignoré beaucoup de choses sur le Congo. Depuis Henry M. Stanley, le pays est révélé par des journalistes. Le Britannique avait traversé l'Afrique centrale en suivant le cours du fleuve !

« Le plus extraordinaire dans son voyage transcontinental est que, venu de l'Est, il était entré par l'arrière pour ressortir par la porte d'entrée[12] d'un sous-continent qualifié « terre inconnue », parce que son accès maritime était barré par des cascades bruyantes et effrayantes, dénommées *Zaïre*[13]. »

L'*État parallèle* et son culte du secret, entourant le *contrat du siècle,* avaient replacé le pays *Au cœur des ténèbres*.[14]

[12] Marcel Yabili, *Vraiment Congo, une tribu,* op.cit.
[13] M. Yabili, op. cit. « ZAHIR » en arabe, signifie « rugissement, rugissant ».
[14] Célèbre roman de Joseph Conrad, 1899.

Subitement, le 7 décembre 2007, un « vent favorable » apporta à *La Libre Belgique* une copie du fameux protocole du 17 septembre. Enfin, on pouvait savoir !

« Une société mixte, avec 68 % de parts chinoises et 32 % congolaises, allait extraire pendant trente ans 8 millions de tonnes de cuivre, 200.000 tonnes de cobalt et 372 tonnes d'or. Les bénéfices financeraient la construction immédiate de 12 routes, 3 autoroutes, une ligne de chemin de fer, 32 hôpitaux, 145 centres de santé, 2 universités et 5.000 logements sociaux. Les mines de cuivre et de cobalt étaient identifiées[15] et prélevées à la *Gécamines*. Restait à trouver les gisements d'or. »[16]

C'est encore la presse qui rapporta d'autres fuites et révélations. Ainsi que d'autres précisions.

« Les chantiers devraient démarrer début 2008, et les mines, tourner à plein régime, en 2009. La « première étape » de quatre ans verrait la réalisation de 3.500 kilomètres de routes à goudronner, et 3.200 kilomètres de chemin de fer, dont mille nouveaux. La *Gécamines* représenterait le Congo dans la société commune avec les Chinois qui verseraient un pas-de-porte en faveur du gouvernement et de la *GCM*. Etc. »[17]

Le *17 Septembre* pesait sur les consciences autant que des *paroles d'Évangile*. Le *contrat du siècle* dispensait de curiosité et d'analyse, et enfermait dans des fantasmes. Au point que deux années plus tard, seules les sept pages du protocole de 2007 seront exhibées pour proclamer *la Deuxième Indépendance du Congo*[18]. Sans révéler les accords de 2007, 2008 et 2009 et leurs révisions…

Mais une fois de plus, ce sont des Anglo-saxons qui, comme Stanley, apportèrent de la lumière. Déjà en 2002, l'Américain Tedd Koppel avait, le premier, braqué les projecteurs

[15] Cuvettes Mashamba et Dima, le synclinal Dik colline D, et Kolwezi.
[16] Marie-France Cros du quotidien bruxellois.
[17] *La Croix* www.la-croix.com/article/index.jsp?docId=2322513&rubId=4077
[18] Colette Braeckman, op.cit.

sur la guerre civile meurtrière avec la série *Heart of Darkness* de *Nightline* de la chaîne de télévision ABC News.
Cette fois, le Britannique Tim Whewell et son équipe de l'émission télévisée *Newsnight* de la BBC[19] étaient venus au Congo pour réaliser le premier documentaire « *au cœur du contrat du siècle* ». C'étaient de vrais professionnels.
Ils avaient étudié avec pragmatisme tous les détails du contrat. Ensuite, ils en ont expliqué le contenu au public. Par exemple, ils avaient épinglé sur une carte du Congo, toutes les infrastructures chinoises. On pouvait voir que les emplacements et la dispersion des hôpitaux et centres de santé couvraient tout le pays. Par contre, les routes et les chemins de fer étaient clairement périphériques et n'auraient pas d'effet d'entraînement sur l'ensemble du pays. Un sérieux doute sur un *Plan Marshall* qui redresserait le Congo.
Le Britannique rencontra les premiers Chinois qui balisaient une future route. Ils logeaient dans des containers. Ils avaient même des états d'âme d'exilés.
Puis, Tim Whewell amena, sur les gisements miniers pressentis, Paul Fortin, le Canadien rebelle à la *Sofreco* et à la *Banque Mondiale*. Là, le journaliste dégaina subitement de sa poche un bout de papier qu'il mit sous le nez du directeur général de *Gécamines*, en lui disant :
« Avec ce contrat, et aux cours actuels des métaux, les Chinois feront 42 milliards de bénéfices après remboursement des investissements ! Qu'en dites-vous ? »
Paul Fortin[20] fut comme transpercé par une balle. Effrayé ! Il repoussa le papier du journaliste, comme s'il s'agissait d'une flamme brûlante, en implorant :
« ce n'est pas possible ! Ce n'est pas possible ! J'ignore les coûts de production et les taux d'intérêt ! »
Même le patron de *GCM* ne connaissait pas le contrat !

---

[19] China in DR Congo Aid deal,15 Avril 2008, http://news.bbc.co.uk/1/hi/programmes/newsnight/7347686.stm
[20] Paul Fortin avec Tim Whewell sur et http://news.bbc.co.uk/2/hi/programmes/newsnight/7347300.stm

Des titres fantômes et flottants

Était-il étonnant que *Boss* et Fortin courent dans les ténèbres du contrat ? Non ! Car un théâtre d'ombres chinoises peut bien dissimuler un véritable casse-tête chinois !

Le décryptage montre de nombreux acteurs. La RD Congo et la Chine qui agissaient par le biais de leurs entreprises d'État : le « Groupe Gécamines » et le « Groupement ou Consortium » d'entreprises chinoises. Les supports juridiques étaient également nombreux : protocole, conventions de collaboration ou de joint-venture, avenants, statuts. Mais le tout reposait sur deux piliers : les infrastructures et les mines.

Du côté du pilier des infrastructures, le Congo était lié par un carnet de commandes qu'il paierait en nature, par *troc* et en volumes de certaines matières minérales.

Le « protocole » du 17 septembre 2007 fut signé à Kinshasa, en 6 pages et 2 annexes par la RD Congo, *Sinohydro* et *China Railway*. En français. Tous les documents ultérieurs seront bilingues en français et en mandarin. Mais en cas de conflit, c'est la version française qui prévaudrait[21].

À cause des anomalies dont la *théorie des exoplanètes* révélera les vérités cachées, l'improvisation et un grand désordre régnaient.

Le Protocole de base fut « corrigé » par une *Convention de collaboration* signée à Kinshasa avec *Sinohydro* seule, le 28 janvier 2008. Mais, anormalement, sans *China Railway* !

La vraie *Convention de Collaboration relative au développement d'un projet minier et d'infrastructures* ne sera signée qu'à Pékin le 22 avril 2008 pour impliquer finalement toutes les parties : la RD Congo et le consortium des entreprises *Sinohydro* et *China Railway*.

---

[21] Les documents techniques seront français et anglais, avec la prévalence de l'anglais.

Mais l'*Export-Import Bank of China (Eximbank)*, l'institution bancaire qui devait accompagner le projet, manquait à l'appel. En effet, les *Chinoises* n'avaient pas d'expertise minière et manquaient de crédibilité pour opérer sur le long terme. *Eximbank* traînera les pieds ![22]
Pour cette raison, la *Convention de collaboration* sera modifiée, par un premier avenant du 28 juin 2008. *Eximbank* signa le document parce que 20 % du capital furent alloués à l'experte *China Metallurgical Construction Group Corporation (MCC)*. Par ironie du sort, c'était la même entreprise qui avait choisi l'Afghanistan et s'était retirée de *KOV* en provoquant le vide que le *17 Septembre* devait combler. La participation de la minière chinoise fut de courte durée ; *MCC* se retira lors du deuxième avenant du 2 septembre ; elle ne voulait pas du Congo, même avec d'autres Chinois.
[Le retrait de MCC était la preuve de l'absence de sérieux soit technique, soit financier ou même éthique du *contrat du siècle*.]
Le nouvel expert minier, au service du consortium chinois, devint, pour un temps, *Zhejiang Huayou Cobalt Co. Ltd* qui reçut une participation symbolique de 5 % !
Un troisième avenant fut conclu le 21 octobre 2009 pour rectifier certaines clauses abusives, à la demande des *Occidentaux*. En particulier, la RD Congo retira sa garantie d'État. Curieusement, *Eximbank* se retira du projet.
Au pilier des mines, la *Gécamines (GCM)* s'engagea dans deux actes : les statuts et une convention de la société commune, *La Sino-Congolaise des mines* (*Sicomines)*.
Les « statuts » de la société, en 53 pages, furent signés à Kinshasa le 24 décembre 2007. Mais, suivant les contraintes légales de l'époque[23], il fallait au moins sept actionnaires, avec un droit de vote, par associé, plafonné à 20 % ; l'association à 68 % - 32 % fut éclatée :

---

[22] Finalement *Sicomines* se prévaudra, sur son site, de l'appui technique de *Youhuayujia Science et Technologie de Pékin Co., Ltd* Pékin ICP 16052375 -1

[23] La loi de 1887 sera remplacée en 2014suite à l'adhésion de la RDC à l'*Organisation pour l'Harmonisation en Afrique du Droit des Affaires (OHADA).*

les 32 % d'actions congolaises avec *Gécamines* (20 %) et un employé, prête-nom (12 %) ; les 68 % d'actions chinoises avec cinq partenaires : *COVEC* (20 %), *CEC* (13 %), *China Railway Sixth Group Co. Ltd* (10 %), *Sinohydro Corporation Ltd* (20 %) et *Sinohydro Harbour Co. Ltd* (5%).

La « convention de joint-venture »[24] fut signée à Beijing, le même jour que celle de la collaboration Chine-Congo, le 22 avril 2008. Les partenaires dans *Sicomines* furent cette fois : côté congolais (20 % *Gécamines,* et 12 % l'employé prête-nom) et côté chinois (20 % *China Railway Group Hong Kong Limited,* 13,1 % *China Railway Resources Development Limited,* 9,9 % *China Railway Sino-Congo Mining Limited,* 20 % *Sinohydro Corporation Limited et 5 % Sinohydro Harbour Co. Ltd.*

Cette convention d'association connut trois modifications.

Le 28 juin 2008 : côté Gécamines, on fit sortir l'employé qui servait de prête-nom pour 12 % ; il fut remplacé par une entreprise créée de toutes pièces, *la Société Immobilière du Congo (SIMCO)* ; côté chinois, on fit entrer un véritable-minier : *China Metallurgical Group Corporation* (*MCC).*

Mais le 2 septembre 2008, *MCC* se retira et fut remplacée par *Zhejiang Huayou Cobalt Ltd*[25]. Les actionnaires de *Sicomines* devinrent : côté congolais : 20 % *Gécamines* et 12 % *SIMCO,* et côté chinois : 27 % *China Railway Group Hong Kong Ltd,* 6 % *China Railway Resources Development Limited,* 5 % *Zhejiang Huayou Cobalt Co. Ltd,* 26 % *Sinohydro Corporation Ltd et 4 % Sinohydro Harbour Co. Ltd.*

En 2012, les 68 % d'actions chinoises se répartirent en *China Railway Group (Hong Kong) Ltd* (20 %), *China Railway Resources Development* (13 %), *Sinohydro Corporation Limited (*16 %), *Sinohydro Harbour Co. Ltd (*4 %) et *Zhejiang Huayou Cobalt Co. Ltd* (5 %).

---

[24] Ou « association ».

[25] Elle opérait déjà par sa filiale *Congo DongFang International Mining (CDM)*

Mais en comptant bien, avec 33 % pour *China Railway*, 20 % pour *Sinohydro* et 5 % pour *Zhejiang*, les *Chinoises* n'avaient plus que 58 % ! C'était étrange : 10 % du portefeuille chinois n'avaient pas de souscripteurs connus[26] !

Devant cette grosse anomalie, la *théorie des exoplanètes* établira la réalité par la répétition de phénomènes anormaux. L'association 68-32 était l'héritage de l'affairisme de *Vieux* : les intérêts visibles de l'État étaient minorés, mais lui-même se retrouvait dans les 68 % revenant au partenaire étranger. Était-ce la même chose dans le *contrat du siècle* ? Oui, sans doute, selon l'anomalie supplémentaire des 10 %.

En effet, les deux richissimes sociétés étatiques *China Railway* et *Sinohydro* n'avaient pas besoin d'être accompagnées dans *Sicomines* par un appoint d'actionnaires anonymes pour 10 % ! C'était bel et bien pour cacher les bénéficiaires ! Comme Pékin est stricte et répressive envers ses sujets ; ils ne pouvaient être des Chinois, mais plutôt, des personnes de l'autre branche de l'alliance sino-congolaise.

Par la suite[27], les 68 % revenant aux *Chinoises* furent souscrits par les groupes *China Railway* (pour 41,72 %, après une majoration de 8,72 %), *Sinohydro* (pour 25,28 % après une majoration de 5,28 %) *et Zhejiang* (pour 1 %). Ce ballet de chaises aurait finalement attribué 50 % nets aux *Chinoises*, et 18 % à des bénéficiaires inconnus… Lesquels ?

Des anomalies répétées, soumises à la *théorie des exoplanètes*, pourraient identifier ces bénéficiaires qui ne seraient ni Chinois, ni de Chine.[28]

---

[26] Malgré des appels de congomines.org/shareholders/82-unknown

[27] Selon sicomines.com/fr/MainNews.aspx?NodeId=A2101&ParentId=A210

[28] Notamment, une résidence et des limousines « présidentielles » sur la mine ; une allocation prématurée, irrégulière et cachée de dividendes, alors que les Chinois eux-mêmes n'en avaient pas besoin.

[Un quatrième avenant sur le partage des dividendes demeurera secret, malgré l'obligation légale de publier les accords…]

Des pulsions et des arrière-pensées

Dès le mois de décembre 2007, les bribes d'informations, distillées par la presse, dessinèrent les contours d'un autre *Septembre 2007*. Un contrat différent de ce que défendaient les adeptes béats de la Chine et les irréductibles d'une guerre économique sino-occidentale. Il y eut des doutes.
Mc s'activa à expliquer et à défendre *Septembre 2007*[29] :
« Intraitable, *Boss (B.)* nous posa la question : « est-ce que notre dossier tient, techniquement ? » La réponse unanime était affirmative. Se rappelant que notre hymne national proclame de ne jamais courber l'échine, *Boss (B.)* dit : « Vous me dites, à moi, de courber l'échine ? Eh bien, je refuse. » Notre pays a tenu bon. Seuls ses intérêts ont compté. »
Cependant, les 6 milliards USD[30] d'infrastructures chinoises avaient trouvé sur la table des besoins et une vision *multimodale* du réseau des transports congolais :
« voies terrestres, fluviales et aériennes, routes nationales et de desserte agricole, fluidité de trafic à l'arrière-pays et interconnexion entre ces voies de transport.[31] »
De plus, il était clair que les 3402 km de nouvelles routes chinoises ne couvriraient pas le territoire, mais longeraient la frontière Est pour relier Lubumbashi à Kisangani.
[Partant de Lubumbashi, ces routes ne menaient à rien, à cause des massifs montagneux et des voies d'eau : rivières et lacs. Mais elles menaient droit à la cité excentrée[32] de Pweto ! Pourtant, depuis un siècle, un axe Sud-Nord reliait Lubumbashi à Kisangani avec, de part et d'autre, 40 % des

---

[29] Katumba, op.cit p 199.
[30] 3,4 (chemins de fer) ; 2,0 (routes) ; 0,45 (voiries urbaines) ; 0,75 (bâtiments)
[31] Programme du gouvernement 2007-2011.
[32] La cité lacustre est tellement excentrée qu'il avait fallu un traité frontalier spécial pour détacher Pweto de la Zambie et la rattacher au Congo.

populations des régions traversées, et des connexions multimodales, aux réseaux terrestres, ferrés et fluviaux. En 1909, la première « voie nationale[33] » reliait Kinshasa, par le fleuve, à Kisangani d'où un chemin de fer descendait à Ubundu, puis le bateau à Kindu, ensuite le chemin de fer à Kongolo, et le bateau jusque Bukama, que le rail relia à Lubumbashi. Pendant la Première Guerre mondiale, elle amena au lac Tanganyika deux immenses canons côtiers de Shinkakasa, près de Boma, des hydravions de combat ainsi que les bateaux *Mimi* et *Toutou* venus de Grande-Bretagne. En 1939, le pont-route-rail de 495m à Kongolo relia Kindu à Kalemie. En 1956, le pont Zofu route-rail de 743m, à Kabalo, toujours le plus long du Congo, raccorda sur Kamina, les réseaux ferrés Kindu-Kalemie et Lubumbashi-Ilebo.]

Ainsi, c'est depuis 1909 qu'une artère Sud-Nord reliait directement Lubumbashi à Kisangani par des voies terrestres et fluviales interconnectées, dites « multimodales ».

La véritable épine dorsale terrestre de l'économie était la route nationale (RN1) de 3259 km, reliant Banana à Sakania, via Kinshasa, Kikwit, Kananga, Kamina et Lubumbashi et drainant 4/5 de la population et 9/10 des ressources.

Ces fondamentaux de transport avaient été écartés au profit de la RN5 (Bukavu, Uvira, Baraka, Fizi, Kalemie, Pweto, Kasomeno, Lubumbashi).

Mais pourquoi ?

Dans ses mémoires, *Machi (Mc)*, le *héros* du contrat montre combien il était obsédé de retourner, une fois retraité, à son village[34] d'origine : Pweto[35].

---

[33] Terme attribué depuis 1928 aux liaisons Lubumbashi-Ilebo par rail, Ilebo-Kinshasa par bateau et Kinshasa-Matadi par chemin de fer.

[34] Katumba, op.cit.

[35] C'est là qu'il avait déjà facilité aux Australiens d'*Anvil Mining* d'exploiter les gisements de cuivre et de chrome de Dikulushi, jusqu'au prix fort du « massacre de Kilwa » de 2004.

Ensuite, *Boss (B.)* survécut à l'attaque des troupes rwandaises à Pweto, grâce aux secours organisés par *Mc*. L'épisode lia les deux hommes, comme par un pacte de sang.

La route de Pweto remonte le long des berges du lac Tanganyika où naquit *Boss*. Plus loin, elle se déroule, comme un tapis, sur le Sud-Kivu, la région d'origine du ministre Pierre Lumbi, qui avait signé avec les Chinois…

Bref, le tracé des infrastructures routières fut dicté par des pulsions et des intérêts d'individus.

Mais certains observateurs avaient perçu le Rwanda sur cet axe Sud-Nord.

[C'était sans doute une complaisance envers Kigali. *Vieux* avait contracté une dette pour avoir été porté au pouvoir.]

Mc fut considéré, par Kigali, comme « le plus brillant stratège politique qui a mené des négociations constructives avec le Rwanda, avec un grand sens diplomatique ».[36]

---

[36] « Augustin Katumba Mwanke *(Mc)* fut sans l'ombre d'un doute le plus brillant stratège politique de la RDC du début de ce siècle. Il hérita d'un pays démembré et dévasté, peuplé de groupes armés défiant l'autorité du gouvernement central et parvint à ouvrir la voie du développement pacifique et d'une harmonisation régionale. Katumba réalisa le tour de force de se rapprocher de la Chine tout en préservant les relations avec les bailleurs occidentaux… Mais c'est surtout par sa vision claire de la politique nationale et régionale qu'il s'imposa en médiateur actif entre les mouvements de l'est du Congo et Kigali. Les négociations politiques, visant une relation constructive avec le Rwanda, étaient conduites sous sa direction avec un grand sens diplomatique », Albert Rudatsimburwa PDG radio rwandaise Contact FM, 12.07.2012, www. jeuneafrique.com /Aticle/ARTJAWEB20120713151238/rwanda-paul-ka game-joseph -kabila-rdcrdc-rwanda-s-il-continue-kabila-perdra-les-kivus.html.

Dans la pratique, l'enclavement du Rwanda a souvent attiré de la bienveillance internationale. Kigali fut privilégiée par des Belges[37], des Français[38] et des Américains[39].

De même, les 3402 km convergeraient vers un Rwanda désireux de devenir un pôle ou *hub* des Grands Lacs, au service d'une « politique de domination géostratégique »[40].

« Par ironie, à la prochaine invasion, Kigali mettrait non pas deux ans, pour atteindre Pweto, mais deux jours ! » [41]

En bref, les infrastructures du *contrat du siècle* avaient réinventé le Congo ! Cela, à cause de la prépondérance d'une ignorance qu'aurait déplorée Jared Diamond[42], de l'improvisation, de pulsions et d'intérêts personnels.

« Pour preuve, tout l'intérieur du vaste pays est drainé par 15.000 km de cours d'eau navigables. Ce sont des autoroutes naturelles. Mais le *17 Septembre* n'avait pas réservé un seul dollar américain à la navigation fluviale et lacustre ! »

---

[37] En 2005, au Forum *Entreprendre en Afrique Centrale* : « le Burundi et le Rwanda doivent devenir des plateformes logistiques vers l'est pour les richesses de la RDC» (Bernard de Gerlache de Gomery).

[38] Pour le président français Nicolas Sarkozy, « le Rwanda comme "un pays à la démographie dynamique et à la superficie petite", et la RDC comme "un pays à la superficie immense, avec une organisation étrange des richesses frontalières" ... il faudrait mettre en place l'exploitation en commun des ressources minières du Nord-Kivu », Le Monde, 17.01.2009.

[39] Pour Herman Cohen, ancien secrétaire d'État pour l'Afrique (1989-1993) « il y a une synergie naturelle à l'Est du Congo. La liberté de mouvement des gens et de commerce accorderait au Rwanda un accès illimité aux richesses minérales et forestières du Congo, mais avec un paiement de royalties à Kinshasa », New York Times, 16.12.2008.

[40] Selon le juge espagnol Fernando Andreu Merelles, 2008.

[41] « Les autoroutes chinoises ne tissent aucune toile intérieure au Congo. Elles convergent sur le Rwanda. En 1990, les rebelles tutsis de Kagame avaient envahi le Rwanda à partir de l'Ouganda. En moins de deux jours, ils se sont trouvés aux portes de Kigali. Mobutu qui avait dépêché les troupes zairoises pour sauver le régime d'Habyarimana lui avait alors dit : " voilà ce que c'est d' avoir de bonnes routes ... ça profite aux rebelles qui avancent plus vite! Grâce aux routes chinoises, à la prochaine invasion rwandaise, Kigali atteindra Pweto en deux jours.» M. Jaber, *Pour qui les routes chinoises* ? » http://congogrand-beauetrichepays.over-blog.com/article-1703680.html.

[42] Op.cit.

DEUX ANNÉES DE RÊVE DE CHINE

Un Plan Marshall chinois ?

L'importance et la renommée mondiale du *17 Septembre* reposaient sur la dimension pharaonique et herculéenne de reconstruire le Congo. Mais l'autre grande révélation de la presse, en décembre 2007, fut que la Chine, elle-même, n'était pas engagée, mais des entreprises commerciales. Ce point crucial échappa aux analystes et commentateurs.

Le *contrat du siècle* ne pourrait valoir un nouveau *Plan Marshall* que s'il impliquait directement un État. Seul un État aurait le sérieux et les moyens financiers, humains, voire éthiques, pour aider au développement réel et durable d'un autre État ! C'est ainsi !

Pareille ambition était à la mesure de Pékin. Le fameux *pactole* de 9 milliards USD du contrat était de la paille qui pesait à peine 0,3 % des réserves de change de la Chine. Ce « presque rien »[1] permettait de *faire main basse* sur le Congo, même au prix d'investissements à *fonds perdu* ou par l'amorce d'un véritable partenariat à long terme avec le deuxième pays le plus étendu d'Afrique, doté de fabuleuses richesses naturelles, de nombreux besoins de reconstruction et de beaucoup de marchés juteux.

Mais dans le *17 septembre,* la richissime Chine n'allait avancer aucun *penny* ! L'accord était commercial, avec des entreprises. Ce fut la preuve que la Chine n'avait pas voulu prendre le Congo par la main, le relever et le propulser véritablement. C'était moins sa politique africaine qu'une attitude particulière envers le Congo.

[Pékin était-elle avare ? Ou indifférente, avec l'arrogance qu'on lui prête ? Avait-elle une stratégie d'exploitation à moindres frais ? Ou de prudence ?]

---

[1] Les Occidentaux engageaient autant. Indirectement par l'effacement de la dette, et directement par les *Aides Publiques au Développement (APD)* et dons. Mais sans contreparties commerciales, minières ou forestières.

Pour Pékin, la distanciation envers Kinshasa semblait la règle[2]. Déjà, pour la période qui avait suivi les élections de 2006, Pékin n'avait annoncé que 2,5 millions USD d'aide à la reconstruction. Une goutte dans un océan !
Kinshasa faisait exception. Le président chinois[3] n'aura pas la courtoisie de se rendre à Kinshasa ! Il y avait davantage. Le *17 Septembre* n'avait pas été taillé selon le fameux modèle de l'Angola, en 2004. Luanda remboursait les Chinois par Contrat de Partage de Production (CPP)[4], à raison de 10.000 barils de pétrole par jour. La charge représentait 0,5 % de la production angolaise de l'époque ! Cela ne pouvait pas étrangler les finances publiques de l'Angola !
« Et, même, Luanda suppléa des Chinois, en payant certains projets. Les taux d'intérêt étaient de 1,5 %[5]. 70 % des travaux étaient adjugés par appel d'offres où concourraient au moins trois entreprises chinoises[6]. 30 % des marchés financés et gagnés par les Chinois revenaient aux entreprises ou à la main-d'œuvre angolaise. L'accès des étrangers au commerce nécessitait un capital d'au moins 400.000 USD, ce qui écartait les petits opérateurs de la *troisième catégorie*, les *électrons libres.*[7] »

Plus révélateur fut le mécanisme de « troc congolais ». On n'échangeait pas des ouvrages avec des ressources naturelles. On prenait celles-ci en gage, au-delà des nécessités.

[Le *troc* est un instrument de paiement primaire. Un système de crédit des temps anciens ! Actuellement, lorsqu'un ouvrier européen contracte un emprunt pour acquérir un véhicule qu'il paiera en plusieurs années, on ne lui demande pas de posséder ou de donner en gage des biens de même valeur ou de valeur supérieure à l'emprunt ; on mise sur sa capacité de

---

[2] Voir supra page 54.
[3] Les rares chefs d'État, en visite, passaient rarement la nuit à Kinshasa.
[4] Contrat par lequel l'opérateur supporte les charges et les risques d'une exploitation et paie, non pas en revenus variables, mais en produits obtenus.
[5] Taux *concessionnel* en Angola, mais 6,1 % de taux *commercial* au Congo.
[6] En RDC, 100% des travaux aux Chinois, de gré à gré et à leurs prix.
[7] I. Campos et A.Vines, *Angola and China ... partnership,* CSIS, 2008.

générer des revenus réguliers, sur son emploi et son salaire. C'est ce qu'on appelle la « surface financière » de l'emprunteur. Dans le cas de la RD Congo, les 9 milliards USD annoncés représentaient le triple des recettes budgétaires gouvernementales et près des deux tiers du PIB. Mais sur trente années, 9 milliards ne méritaient pas la remise ou le gage de 10 millions de tonnes de minerais (soit un cinquième des ressources connues de la seule *Gécamines*). La Chine ne pouvait pas prétendre développer le Congo, en refusant de le créditer d'une surface financière qui ne pourrait que s'élargir. Elle ne pouvait pas vendre des infrastructures et accaparer des montagnes de réserves en richesses naturelles sans tenir compte de ce potentiel de croissance du pays ni du capital humain de sa jeunesse et des effets d'entraînement de leurs propres ouvrages. Ne pas y croire, c'était de la mauvaise foi…]

Avec le « troc congolais », le contrat du siècle n'avait rien de « gagnant-gagnant » ni de « donnant-donnant ». C'était du « donnant-prenant ». Ce n'était pas du financement ; c'était de la vente ! Ce n'était pas de l'avenir et du développement durable ; ce fut une opération ponctuelle.

[À ce propos, « les infrastructures ne sont pas éternelles. À l'échelle des Nations, elles sont pareilles à des *produits de consommation*… De toutes les façons, le petit peuple africain ne se nourrirait ni de bitume ni de béton chinois. Les infrastructures ne sont que des *opportunités de croissance »*[8].]

On connaissait les ambitions d'impérialisme économique de la Chine, voilà que le système de « troc » inaugurait un *néocolonialisme financier* que ne s'étaient pas permis les *Occidentaux.* En effet, les fameuses « dettes honteuses » contractées auprès des *Occidentaux* par des dictateurs n'avaient pas été gagées par des richesses naturelles.

[D'ailleurs, à Paris, fin 2007, les *Occidentaux* avaient souscrit des milliards pour la RDC, sans solliciter des gisements miniers ou des richesses naturelles à exploiter ou en garantie.]

---

[8] M. Yabili, *Le Géant*, op.cit.

Avec le *troc*, la Chine refusait de parier sur l'avenir du Congo. Pékin ne s'engageait même pas elle-même, directement.

Non ! Il n'y avait pas de *Plan Marshall* chinois.

En chinois, business se dit « collaboration » !

La question têtue reste de savoir ce qu'il y avait réellement de « de Chine » et de gagnant-gagnant, dans l*e 17 Septembre*. Le « protocole d'accord » en disait déjà beaucoup.

Certes, il y avait des entreprises étatiques chinoises, mais au nombre de deux seulement ! À ce propos, les sages disent qu'« une hirondelle ne fait pas le printemps ».
Sinohydro et *China Railway Engineering Corporation (CREC)* ne pouvaient, à deux, valoir ou réaliser un *Plan Marshall.* C'était prétentieux et trompeur.
Bien pire ! Des firmes commerciales pouvaient s'autoriser des anomalies et des abus interdits à la Chine, comme État. Ce fut le cas en Angola :
« Le pont *Cabinda Link* avait été proposé à l'Angola pour 2,55 milliards USD. Dans ce prix, 550 millions représentaient les « frais d'installation du chantier » que l'Angola devrait payer au comptant, tandis que 2 milliards seraient couverts par un prêt *gagnant-gagnant.* En réalité, les frais d'installation couvriraient largement les fournitures de ciment et d'acier en provenance de la Chine, ainsi que les coûts de la main-d'œuvre chinoise ! Finalement le *Cabinda Link* aurait coûté 0,550 milliard, alors que Luanda se serait endettée pour 2 milliards d'un prêt qui aurait rapporté aux Chinois 363 % de bénéfices[9] ! »

En RD Congo, la Chine avait mis des gants. Elle s'est tenue en retrait de ses entreprises étatiques tout en les assistant et en les supervisant. C'est elle qui valide les grands contrats,

---

9 M. Yabili, *Géant,* op.ct. L'Angola renonça au *Cabinda Link.*

en dernier. Comme un jongleur, elle jouait avec plusieurs chapeaux et portait celui qui convenait aux circonstances. Elle excellait aussi en ambiguïté.

[À l'*Organisation Mondiale du Commerce (OMC)*, et malgré son impérialisme incontesté, Pékin conserve un statut de pays en voie de développement !]

Il y avait pire ! *Sinohydro* et *CREC* s'étaient mises aussi en retrait dans *le contrat du siècle*, pour opérer derrière des structures empilées et cloisonnées.

Pour commencer, les *Chinoises* n'investiront pas directement, mais elles utiliseront des fonds de l'*Eximbank.* Et c'est cette banque, elle aussi étatique, qui décidera, pour le gouvernement chinois, de la validité du *contrat du siècle*.

Ensuite, les deux firmes allaient se *diluer* dans l'association de droit congolais, *La Sino-Congolaise des mines (Sicomines)*. Et c'est la nouvelle société qui prendra, à leur place, tous les risques et toutes les charges.

Dans le même temps, *Sinohydro* et *CREC* resteront prépondérantes. Elles dirigeront la société commune *Sicomines*. Elles auront une majorité du capital, calquée sur les contrats léonins[10] qui avaient déjà compromis *Machi* auprès du Panel de l'ONU sur le pillage au Congo.

« On l'a vu. Dans ces arrangements, *Gécamines* obtenait le même forfait de 32 %. Mais en réalité, une partie des 68 % attribués à l'étranger revenait, aux gens et alliés du pouvoir…[11] »

Est-ce que la Chine, par les Chinoises interposées, serait vertueuse et indemne de corruption et de compromissions ?

[On l'a vu. En 2012, 10 % de participations sur les 68 % revenant aux Chinoises n'avaient pas de bénéficiaires connus.

[10] Supra page 70.

[11] Témoignage d'un habitué à ces dossiers qui a préféré garder l'anonymat.

Finalement, et suivant la *théorie des exoplanètes*, ce seraient 18 % qui auraient eu pour prête-noms *China Railway* et *Sinohydro*.[12] Au lieu de 32-68, l'association réelle aurait été de 50-50…]

Le « protocole d'accord » n'alignait que des abus.

Les *Chinoises* interdisaient à la RD Congo de contracter avec d'autres partenaires ! Si, un jour, le pays bénéficiait d'autres financements étrangers pour réaliser des ouvrages semblables, leurs marchés reviendraient aux *Chinoises*…

Les *Chinoises* bénéficieront d'exemptions fiscales, pour pratiquement tout.

[Le contrat du siècle était une sorte de « Cheval de Troie »[13] qui permettait aux Chinois de s'implanter durablement en raflant les marchés avec des charges allégées ou inexistantes. Une concurrence déloyale pour les autres partenaires.]

Bref, les *Chinoises* auront tous les droits.

Pour trente années. Renouvelables !

Elles auront le dernier mot sur tout.

Y compris le droit de se désengager à tout moment.

L'élément important du « protocole » de *septembre 2007* est que les *Chinoises* contracteront un prêt qu'elles céderont ensuite à la RD Congo, avec toutes les charges.

[On soupçonne habituellement les banques chinoises de *dumping* avec l'octroi de financements, à faibles ou sans intérêts ou à perte, pour rendre leurs clients compétitifs. Néanmoins, *Eximbank* accordait systématiquement aux autres pays africains le taux d'intérêt confessionnel de 1,5 %. Mais avec l'intermédiation des Chinoises, la RD Congo payerait 6,1 % ! Les Chinoises pouvaient s'endetter à Pékin au taux de 1,5 % et empocher la différence de 4,6 % sur le dos de la RD Congo ![14]]

---

[12] www.sicomines.com/fr/MainNews.aspx?NodeId=A2101&ParentId=A210

[13] Voir infra : *la China Development Bank, p 189.*

[14] La pression internationale les fera reculer et renoncer à 4,4% sur les 6,1%.

Les Chinoises factureront les infrastructures. Elles présenteront les factures à *Eximbank* qui les leur paiera comptant. La banque chinoise en débitera Kinshasa. Par la suite, *Eximbank* encaissera directement les ventes des produits miniers des *Chinoises* et se remboursera, au fur et à mesure, en principal et intérêts.

Non seulement le montage financier reposera sur les ressources minérales, mais ce sont *Sinohydro* et *China Railway* qui détermineraient les quantités de minerais nécessaires. À leur guise, et sans montrer ou faire vérifier leurs critères d'évaluation ! En 2007, elles avaient exigé 8.050.661 tonnes de cuivre métal, 202.290 tonnes de cobalt métal et 372,3 tonnes d'or.

[Dans le contrat de 2008, la RDC s'engagera pour 6.813.070 tonnes de cuivre, 616.619 tonnes de cobalt et un tonnage inconnu d'« autres substances minérales valorisables ».]

Les *Chinoises* avaient jeté leur dévolu sur les gisements de cuivre et cobalt *Mashamba, Dima, Colline D et Kolwezi*. Cela, grâce au doigt indicateur de *Machi* et aux *milobs*[15] espions.

L'anomalie majeure est que ces gîtes avaient déjà été attribués à d'autres miniers, lors du partage de gâteau de 2005 ! Tôt au tard, la réalité cachée par cette nouvelle anomalie sera révélée par *la théorie des exoplanètes.*

À ce propos, la *Beijing Shan Hai Tian Valuation and Consulting Company* valorisera unilatéralement les gisements miniers congolais à 1,9 milliard USD[16] avec un contenu de 6,8 millions de tonnes de cuivre à teneur de 3,3 % et de 420.000 tonnes de cobalt à teneur de 0,24 %. Cette valorisation au rabais poussera les *Chinoises* à vouloir davantage !

---

[15] *Military observers* de l'ONU, In M. Yabili, *Géant,* op.cit.

[16] Les gîtes remis aux Chinois pour 25 ans ont été évalués à 50 milliards USD.

De son côté, *China EnFi Nonferrous Engineering Co. Ltd* évaluera l'investissement minier à 2,9 milliards USD[17].

Le fameux « protocole » du *17 septembre 2007* sera transformé en véritable contrat juridique, non par la convention irrégulière conclue à Kinshasa avec *Sinohydro* seule, mais par celle conclue à Pékin, le 22 avril 2008, avec les deux *Chinoises* : *Sinohydro* et *China Railway.*

Le plus extraordinaire est que l'arrangement final a été intitulé « convention de collaboration », alors qu'il s'agissait d'un contrat *commercial*, avec des clauses très *commerciales*.

Le texte maquilla méticuleusement les véritables prétentions et attentes des parties congolaise et chinoise.

D'un côté, on proclama que le Congo cherchait l'argent pour ses infrastructures urgentes et importantes, alors que le pays n'avait aucune décision gouvernementale ni même un plan général qui s'y rapportait :

[Plus tard, un plan sera proposé par *China Development Bank.*]

D'un autre côté, on affirma que les *Chinoises*, des entreprises de construction voulaient investir dans les métaux non-ferreux (cuivre, cobalt et or), alors que ce n'était pas leur métier.

On ne dit rien sur leurs expertises et activités réelles dans les BTP[18] ni sur leurs incompétence, inexpérience et absence de vocation minières au point de se montrer voraces en minerais congolais, pour 30 années renouvelables…

[En 2008, cette absence d'expertise minière fera adjoindre aux Chinoises un 3e acteur, d'abord *China Metallurgical Construction Group Corporation (MCC)*[19] puis *Zhejiang Huayou Cobalt C° Ltd.*]

---

[17] En 2021, cette évaluation fut qualifiée de « partisane, incomplète, inachevée et non crédible » par la branche congolaise de l'ITIE (Initiative pour la Transparence dans les Industries Extractives)

[18] Bâtiment et Travaux Publics.

[19] La même *MCC* du projet *KOV*, sollicitée en 2008, se retirera et sera remplacée par *Zhejiang Huayou Cobalt Co Ltd* laquelle survivra symboliquement avec 1% du capital.

On ne dit mot sur la dimension géopolitique de l'affaire fondée sur la soif de la Chine en matières premières ni bien sûr du besoin de combler le vide causé par le retrait de *MCC* de KOV, suite aux déboires de *La Tique (Tiq),* en mars 2007.

Un retrait à l'origine d'un « Plan B ». Et pour bien maquiller cela, la poudre appropriée était le vocable « collaboration ». Entre d'un côté, un Congo quémandeur, mais détenteur d'immenses ressources naturelles. Et d'un autre côté, une Chine débordant d'argent et bien capable de tout financer directement et entièrement, même à fonds perdu.

Le couple était assorti pour un véritable *gagnant-gagnant*.

Cependant, dans une véritable « collaboration », Pékin pouvait très bien vendre au Congo des infrastructures à crédit, financer les investissements miniers et se rembourser au fur et à mesure par deux côtés : avec les revenus de la production du cuivre et du cobalt et/ou avec l'exemption des taxes et impôts sur l'activité minière. Ce fut d'ailleurs la formule que les *Chinoises* avaient acceptée pour la dernière tranche des remboursements que ferait la RD Congo.

Comme quoi, la formule de la fin était bel et bien faisable au début ![20] S'il ne s'agissait pas d'un « plan B ».

Le rêve de Chine s'évapore

La *collaboration* avec les Chinois était comme l'édulcorant *stevia* qui enroberait les fameux *Cinq Chantiers*. Pourtant la vision de la reconstruction préparée autour des *Cinq piliers* de l'*iPPTE21* avec de la bonne gouvernance, de la volonté politique et du leadership n'était pas une pilule amère… Il y eut, sans changer de nom, sept chantiers :

[20] Des entreprises chinoises investiront autant sans montage financier de troc.
[21] Initiative PPTE d'effacement de la dette publique.

[1) infrastructures 2) santé et éducation 3) eau et électricité 4) logements 5) Emplois 6) Sports[22] et 7) Apport de la première dame[23] (comme si l'épouse constituait un chantier).]

Dans un premier temps, les ouvrages pharaoniques furent énumérés dans une annexe du protocole de 2007 ; ils étaient valorisés en milliards USD. Le montant tout aussi astronomique fut ventilé entre les *Cinq Chantiers* :

[Le montant total d'infrastructures s'élevait à 6,865 milliards USD dont 300 millions de concessions commerciales (BOT), gérées pour être remboursées par les péages routiers. Le chantier d'infrastructures était financé à 51,78 % (pour 3213 km de chemins de fer) et à 36,66 % (pour 3403 km de routes et 450 km de voiries urbaines). Le chantier santé de 368 millions était affecté à 177 hôpitaux et centres médicaux. Le chantier éducation était pourvu de 140 millions pour la construction de deux universités. Le chantier logement bénéficiait de 250 millions pour 5000 habitations.]

La quasi-totalité (88,47 %) des sommes était consacrée au seul chantier des infrastructures ; une nouvelle preuve que le *contrat du siècle* n'était pas un *Plan Marshall* chinois qui aurait visé tous les secteurs de la RD Congo. Il s'agissait d'un marché commercial de deux entreprises des BTP.

[Si jamais les Chinoises fabriquaient des préservatifs, la lutte contre le VIH/Sida aurait figuré dans le *contrat du siècle* !]

Le restant des sommes, ou l'équivalent du huitième du financement, formaient quatre dosettes pour d'autres *chantiers* : 5,6 % en hôpitaux et centres de santé, 5,6 % pour l'enseignement et 3,8 % pour 5.000 logements qui ne représentaient que 0,04 % des familles congolaises[24] !

---

[22] Victoires au football de 2010 de l'équipe nationale et de TP Mazembe.

[23] *5 chantiers 2006-2010, l'état des travaux,* Présidence, pages 48 et 96.

[24] En 2009, le déficit annuel de logements avait franchi la barre des 240 000.

Mais ce montage gênait par trop de transparence. Dans les révisions ultérieures, les infrastructures ne seront plus valorisées. Cela apporta des ténèbres intégrales.

[Comme les Chinois fixaient librement les prix, l'absence de chiffres les autorisait à les manipuler…]

La nouvelle liste de 2008 citera 3735 km de voies ferrées (après l'ajout de 522 km pour la liaison Tenke-Dilolo), 4032 km de routes bitumées, 2738 km de routes de terre, 550 km de voiries urbaines, dont Kinshasa et Lubumbashi, un pont et les aéroports de Goma et Bukavu.
Le chantier d'électricité recevra les barrages de Kakobola et de Katende. Le chantier de l'éducation aura des centres de formation aux BTP. Le chantier de l'eau restera oublié. Le logement aura 5000 habitations : 2000 à Kinshasa et 3000 à l'intérieur du pays. Le chantier des emplois se limitera à la promesse de recruter de la main-d'œuvre locale.

Malgré cela, il y avait encore trop de lumières !

À partir de 2009, le *contrat du siècle* n'aura plus de liste d'infrastructures. Ce sera du *cas par cas* : chaque ouvrage sera sollicité par Kinshasa et soumis à l'approbation des *Chinoises*, dans une enveloppe de 3 milliards USD.

Ce sera un bouleversement total. Jusque-là, l'*aura* internationale du *17 Septembre* provenait de la longue liste et de l'éventail géographique des réalisations que le Britannique Tim Whewell de la BBC avait épinglées sur la carte du pays. Soudain, toutes les lumières qui figuraient des ouvrages et des liaisons de transport seront éteintes. On ne connaîtra plus les infrastructures ciblées. Il n'y avait plus de calendrier. On ne pourra plus évaluer les *Chinoises*. Ni l'apport particulier que la Chine aura ajouté à l'*iPPTE* et aux contributions des autres PTF[25].

---

[25] Partenaires techniques et financiers.

On ferait tout et n'importe quoi ! On pourrait ne rien faire !

De plus, *Eximbank* ne signera pas le troisième avenant de 2009[26], et se retirera du *contrat du siècle*. Les *Chinoises* s'engageront elles-mêmes, en bénéficiant de taux d'intérêt confessionnel, et en sollicitant d'autres banques.

Réduit à un simple montage minier pour payer des travaux épars et épisodiques, le *contrat du siècle* partit en fumée !

Ce fut la fin du rêve chinois ! En 2009.

Après seulement deux ans !

[26] Selon Johanna Jansson sur le blog de Deborah Brautigam, 8 février 2013.

LA GAFFE DU SIÈCLE ?

Équations siniques[1]

Les milliards du *contrat du siècle* avaient étourdi, mais ils n'empêchaient pas de calculer. Les Congolais pouvaient le faire d'autant facilement que des calculettes *made in China* inondaient le marché et étaient aux mains de petits commerçants de rues.

On cita trois chiffres magiques : 3-6-9 milliards. Magiques, comme les fameux baux à loyer 3-6-9.

Un lot de 3 milliards, en mine, et deux tranches de 3 milliards en infrastructures totalisaient 9 milliards USD.

3md/min + 3md/inf + 3md/inf = 9 md ![2]

L'équation était inexacte. Car, il y avait 4 opérations.

Tout d'abord, les *Chinoises* financeront 3 milliards USD pour la première tranche des infrastructures et 3 autres milliards pour la mine de cuivre et de cobalt. Cela donnait un sous-total de 6 milliards USD.

Mais cet investissement minier de 3 milliards USD devra être payé par priorité et en totalité. Après ce remboursement, le financement descendra de 6 à 3 milliards.

C'est alors que les *Chinoises* avanceront 3 autres milliards USD pour une deuxième tranche d'infrastructures. Avec ce nouvel apport, le niveau de financement remontera de 3 à 6 milliards[3] USD.

Ainsi, le plafond du financement chinois ne devra jamais dépasser 6 milliards USD ! Cette opération pouvait être formulée par cette équation :

((3md/min + 3md/inf) – 3md/min) + 3md/inf) = 6md !

Cependant, Congolais et Chinois parlaient, à l'unisson, du *pactole* de 9 milliards USD ! Le monde entier les répéta.

---

[1] Chinois sur le mode cynique.

[2] md = milliards USA ; min = mines ; inf = infrastructures.

[3] Suite aux corrections exigées par les Occidentaux, ce montant réel de 6 milliards sera retenu dans le 3e avenant, en 2009, contre le *mauvais gré* de la RDC

[C'est comme si un banquier accordait une ligne de crédit (*revolving*) puis additionnait les prélèvements qui lui sont remboursés au fur et à mesure pour affirmer que la hauteur de son financement était la totalité des remboursements !]

Un simple bout de papier et un crayon auraient suffi à résoudre l'équation. Les 9 milliards n'avaient jamais existé !

Le *contrat du siècle* aura été l'*escroquerie du siècle* [4]?

Oui, sans doute, mais pour des *nuls*…

[Car la supercherie sera vue et éventrée par la *BM* et le *FMI*.]

Il y avait aussi de la tromperie sur la marchandise et les infrastructures.

D'une part, on avait additionné tous les travaux, même ceux qui seraient réalisés en *BOT*[5] et remboursés par les usagers. On obtenait un total de fallacieux de 6,565 milliards USD.

D'autre part, on a fait croire à des réalisations en continu :

« En quatre années, à l'horizon 2012, on aura goudronné 3.500 km de routes et posé 3.200 km de voies ferrées, dont 1.000 km nouveaux. » [6]

Erreur ! Les ouvrages chinois seront réalisés en deux lots. Et encore !

La première tranche des travaux débutera en même temps que les quatre années de l'aménagement de la mine.

Cette deuxième tranche devra, cependant, attendre le paiement intégral des 3 milliards USD investis dans la mine.

---

[4] Les modes de financement et de remboursement de 2007 ont évolué dans la convention et les avenants de 2008 et de 2009.

[5] « Build Operate Transfer » (BOT) est une concession commerciale qui permet au constructeur d'entretenir l'ouvrage, de récupérer et de rentabiliser sa dépense, par exemple par les droits de péage routier, avant de le remettre à l'État.

[6] *La Croix* http://www.la-croix.com/article/index.jsp?docId=2322513&rubId=4077

Ces remboursements seront effectués au moyen des bénéfices nets de la production minière. Par conséquent, ces paiements prendraient près de dix années[7].

Lorsqu'on additionnait le délai de 4 années pour la construction de la mine et celui de 10 années pour la vente des produits miniers et le remboursement de l'investissement, on obtenait 14 années au moins entre le premier coup de pioche et le lancement du deuxième lot des infrastructures.

C'était dramatique ! On ne pouvait pas ignorer qu'à partir de la dixième année, les routes chinoises du premier lot seraient déjà dégradées et nécessiteraient d'être réhabilitées ! Qu'on entrerait dans une période où il y aurait, à la fois, à refaire les anciens travaux et à en entamer de nouveaux !

En sachant tout cela, le choix, la priorité et l'emplacement géographique des infrastructures ne pouvaient être laissés à l'arbitraire ou aux pulsions de quelques *élites* de l'*État parallèle*. La question était importante, à controverse et à débats ; elle nécessitait la transparence et la consultation des gens[8]. Parce qu'en dehors du premier lot, il faudrait attendre 14 années ! Ou cesser de compter sur le *contrat du siècle*...

Les choix étaient bel et bien une question de survie ou de mort ! Mais aucune voix ne s'éleva dans le pays. Par ignorance ou résignation aux affaires et à l'affairisme de l'*État parallèle*. Ce calendrier du *contrat du siècle* ne fut même pas effleuré, la seule fois où le dossier monta au parlement.

Finalement, l'opacité du calendrier des ouvrages mit en péril l'amélioration des conditions minimales des populations et du pays, recherchée par le *DSCRP*.

Avec cela, le *contrat du siècle* aura été *la gaffe du siècle !*

---

[7] Selon les cours de cuivre de l'époque.

[8] Tel fut le cas pour les DSCRP.

Le financement chinois net était de 3 milliards

En 2009, un avenant rectifiera le financement chinois et l'endettement congolais de 9 à 6 milliards USD. Ce fut le résultat de pressions internationales. À l'encontre du *mauvais gré* des Congolais et des *Chinoises* pour lesquels le compte de 9 milliards était bon ! Plus tard, ils s'arrangeront pour que ces comptes inexacts demeurent…

Le principe est que toute dette repose sur les épaules des véritables débiteurs. Le *17 septembre* avait trois acteurs : la RD Congo (ou *GCM), China Railway* et *Sinohydro* ainsi que la société commune *Sicomines.* Il était normal que le Congo paie les infrastructures publiques. Mais était-il normal que le Congo paie et s'endette seul pour la construction de la mine revenant pour 68 % aux *Chinoises* et qui sera dirigée par elles seules ?

[C'était comme si les Congolais avaient dit aux Chinois : « nous vous donnerons nos minerais et les fonds nécessaires pour votre investissement minier. Comme nous n'avons pas cet argent, vous nous le prêterez pour que nous puissions vous le donner ! Les intérêts, à notre charge, évidemment ! »]

Pour rappel, *China Railway* et *Sinohydro* étaient des entreprises multinationales des BTP, très fortunées. Un investissement minier de 3 milliards ne les obligerait pas à emprunter ni même à impliquer *Eximbank.*

Les Américains de *Tenke Fungurume Mining (TFM)* investiront autant sur fonds propres. Il en fut de même avec d'autres Chinois : *MCC*, qui avait pensé à déverser, à ses propres risques, des milliards dans KOV, ou *COMILU* ou plusieurs autres[9]. Dans cette figure, il n'y aurait pas eu d'endettement congolais : ni avec ni à la place des *Chinoises.* De ce point de vue, le financement chinois aurait porté uniquement sur les infrastructures, pour 3 milliards.

---

[9] Après le « contrat du siècle », des Chinois rachèteront des mines modestes pour plus de 3 milliards, sans troc d'infrastructures ni avantages fiscaux.

Cependant, le *17 septembre 2007* avait prévu que la mine serait une association commerciale sino-congolaise (32-68) qui nécessitait 3 milliards USD d'investissements.

Les actionnaires auraient dû participer à la capitalisation : 32 % ou 0,960 milliard USD pour la partie congolaise et 2,040 milliards pour les 68 % des *Chinoises*. Par des apports en argent et/ou en nature.

La caractéristique du *contrat du siècle* était que le Congo remettait des mines. Donc, des apports en nature ! La valeur de ces minerais avait été fixée (au rabais) par les Chinois de la *Beijing Shan Hai Tian Valuation and Consulting Company* à 1,9 milliard USD[10]. Dans le bilan d'ouverture de la nouvelle société commune, ces gisements auraient figuré à l'actif pour la totalité de 1,9 milliard ; la partie congolaise aurait libéré la totalité de sa participation de 32 % au capital avec 0,96 milliard et elle aurait été reconnue créancière de la société pour son reliquat de 0,94 milliard. Le même bilan aurait montré que les *Chinoises* étaient débitrices de 2,04 milliards, pour leur souscription de 68 %. De même, il n'y aurait pas de dette congolaise pour la mine. Le financement de 6 milliards serait rectifié en 3 milliards :

((0,0 md/min + 3md/inf) - 3 md) + 3md/inf) = 3md[11] !

En réalité, la société commune, *Sicomines,* sera proposée[12] le 24 décembre 2007 avec un capital de 100 millions USD souscrits pour 32 millions par la partie congolaise : *Gécamines* et un employé prête-nom. Les *Chinoises* verseraient 68 millions. Dans cette configuration, le bilan de départ aurait indiqué les gisements apportés en nature pour 1,9 milliard et reconnaîtrait *GCM*, débitrice de 32 millions, mais aussi créancière pour la différence de 1,868 milliard. Si les

---

[10] 83 milliards USD pour les spécialistes Marysse & Geenen, 2011.
[11] md= milliard ; inf = infrastructures.
[12] Selon la législation de l'époque, c'est une ordonnance présidentielle qui créerait la société.

actionnaires devaient mettre la main à la poche pour lever les 3 milliards d'investissements miniers, *GCM* couvrirait sa quote-part de 0,96 milliard avec ses 32 millions au capital et sa créance résiduelle descendrait de 1,868 à 0,908 milliard. Les *Chinoises* devraient apporter 1,972 milliard en plus des 68 millions de souscriptions au capital. Dans ce cas, il n'y aurait pas non plus de dette congolaise pour la mine. Le financement chinois serait de 3 milliards :

((0,0 md/min + 3md/inf) - 3 md) + 3md/inf = 3md

Dans les faits, l'investissement minier sera exactement de 3,2 milliards USD. Il sera convenu que c'est la société commune *Sicomines,* et non les actionnaires, qui paierait. C'était normal, car les actionnaires ne sont pas engagés financièrement au-delà du capital. De ce point de vue, *Sicomines* disposant de 100 millions USD de capital, il lui manquait 3,1 milliards USD pour investir dans la mine.

Elle pouvait soit compter sur ses propres ressources et crédits soit emprunter aux actionnaires.

Dans ce dernier cas, la partie congolaise aurait pu couvrir 32 % soit 0,992 milliard et verrait sa créance comptable de 1,868 milliard diminuée à 0,876 milliard. Une fois de plus, il n'y aurait pas de dette congolaise pour la mine. Et le financement chinois qu'on avait vanté pour 9 milliards, déjà réduits à 6 milliards, serait cristallisé à 3 milliards :

((0,0 md/mine + 3md/inf) - 3 md) + 3md/inf = 3md !

Le Congo avait emprunté des milliards aux *Chinoises.* Mais elle aurait mieux fait d'emprunter une calculette chinoise, plutôt que de se vanter du triplement de sa dette réelle.

La RD Congo fit mieux. Elle donna sa garantie d'État. Etc.

Toutes ces anomalies n'étaient pas seulement surprenantes. La *théorie des exoplanètes* autorise des suspicions et, même, des certitudes, si ces anomalies se répétaient avec régularité. À suivre avec attention…

Sans condition ? Ou 100 conditions !

Les légendes ont la vie longue, parce qu'elles sont belles. Le *copier-coller* installe facilement des certitudes qui sont plus difficiles à déboulonner qu'un monument en bronze. Bobards et *fake news* prolifèrent, malgré l'élévation et la généralisation de l'éducation et de l'accès à l'information :

« On va vers l'effacement lent, inexorable et sans retour, de l'apprentissage de l'esprit critique et de la capacité à discerner notamment entre réel et virtuel, entre bien et mal, entre le présent et les différentes hypothèses de possibles avenirs[13]. Contre ce risque, on a ajouté au QI (quotient intellectuel) et au QE (quotient émotionnel) le QD ou *quotient digital* qui recourt à l'esprit critique pour filtrer les informations numériques. »

Le *17 septembre* a accouché de la *légende du siècle* ! Celle de l'alternative chinoise, innovante, équitable et efficiente, aux recettes habituelles, vieillottes, abusives et tatillonnes des *Occidentaux*. L'émergence de la Chine et son rayonnement international seraient ainsi la preuve indiscutable de la pertinence de ses entreprises et méthodes et de son discours « gagnant-gagnant » ! Pékin incarnerait une nouvelle libération des peuples, qui stagnent économiquement, en brisant les chaînes des « conditions » perçues comme abusives et contre-productives. La Chine, elle, n'exigerait rien, alors que les autres imposent des contreparties, notamment politiques (NB. lutte contre la corruption et les inégalités sociales, privatisation des entreprises publiques, etc.) voire culturelles (NB. droits de la femme, homosexualité, etc.)

Cette *légende du siècle* court toujours. En novembre 2018, le président tanzanien John Magufuli[14] vantera les aides chinoises parce qu'elles seraient « sans condition ». Il

---

[13] Jean-Louis Servan-Schreiber, *L'humanité : apothéose ou apocalypse ?* Fayard, 2017.
[14] Décédé en mars 2021.

recevait une nouvelle bibliothèque d'université de 40,6 millions USD, alors que le Danemark avait suspendu une aide de 9,8 millions à cause de « propos homophobes et inacceptables » d'un dignitaire tanzanien. Alors que la *Banque Mondiale* avait gelé 300 millions USD, dans le domaine de l'éducation, notamment, parce que le gouvernement avait décidé d'expulser des écoles, des filles enceintes.

En réalité, les déclarations de Magufuli sur les « dons » chinois, « sans condition aucune », ne concernaient pas tous ses accords financiers avec Pékin. Le président ne dira pas que la Tanzanie avait 2,347 milliards USD de prêts chinois qu'elle avait du mal à rembourser ! Ce remboursement était bel et bien « une condition » posée par les Chinois.

«En 1976 déjà, la Tanzanie avait bénéficié d'un prêt pour la réalisation chinoise la plus emblématique en Afrique : le chemin de fer *Tanzania Zambia Railway Authority (TAZARA)* de 1.860 km qui fut construit en 6 ans. Le chantier avait mobilisé 20.000 Chinois, 30.000 Tanzaniens, et fait percer 22 tunnels. Ce prêt fut accompagné de « conditions » étonnantes et abusives : l'endoctrinement communiste des populations et la socialisation des communautés rurales. Sur le plan technique, la Chine avait choisi un gabarit de la voie ferrée qui empêche toujours la connexion au réseau d'écartement de 1.067 mm commun à l'Afrique centrale et australe. Cet *impérialisme technique chinois* a duré plus longtemps que les *néocolonialismes* habituellement décriés. Le *TAZARA* n'a pas été rentable.[15] »

Les propos du *truculent et éruptif*[16] Magufuli pouvaient dérouter. En 2018, en Tanzanie, le don chinois d'une bibliothèque se fera « sans conditions » explicites, mais il s'agira d'une aide ponctuelle qui ne représentera, en volume, que la moitié des 88 millions USD des aides annuelles de *l'Union européenne (UE)*. Quant à la *Banque Mondiale*

[15] M. Yabili, Géant, op.cit p 55 et svt.
[16] Anne-Cécile Robert in *Le Monde Diplomatique*, février 2019, p 10.

(BM), elle n'est pas une simple institution commerciale cherchant à gagner de l'argent avec les prêts aux pays ; l'éducation des filles, même enceintes, fait partie de son action de combattre la pauvreté ; ce programme de la *BM* est une « condition ». Etc.

À ce propos, il existe plusieurs sortes d'aides et de financements extérieurs, selon leurs natures et leurs volumes.

Il y a d'abord des aides proprement dites. Elles se font à la discrétion du donateur qui fixe des « conditions » qui ne sont pas nécessairement rendues publiques. C'est ainsi que la Chine impose aux Africains la « condition de l'amitié » par le ralliement des leurs voix dans les instances internationales. Cela est un véritable prix pour son impérialisme !

Les « conditions » des aides sont parfois dictées par les circonstances. Les gouvernements à l'*occidentale* sont fragilisés à cause de la fréquence des votes populaires ; ils s'alignent sur leurs opinions publiques pour justifier des dépenses extérieures, souvent, à fonds perdu. En 2018, ce sera le cas du Danemark qui suspendra son aide à la Tanzanie, à propos de l'homophobie. Ce sera le cas de la Belgique qui réorientera son aide humanitaire à la RD Congo, après des massacres de civils qui manifestaient pacifiquement[17]. En 2007, l'Union européenne, qui avait financé pour près de 0,5 milliard USD, et à fonds perdu, l'installation des nouvelles institutions et du nouveau pouvoir congolais avait lié son aide ultérieure pour les élections locales (et qui, de ce fait, ne seront plus organisées) à la « condition » qu'elles soient à l'abri de manipulations. Puis, la RD Congo refusera les assistances extérieures pour les élections de 2018. Cette dernière attitude de Kinshasa montre bien que les « conditions » ne sont pas obligatoires. On peut les refuser.

---

[17] Cette réorientation suscitera la colère de Kinshasa qui prendra des mesures de rétorsion (fermeture de consulat et du guichet d'octroi de visas pour l'espace Schengen, restriction de vols *Brussels Airlines*).

Il y a ensuite des aides et des financements qui sont encadrés par des principes internationaux. Ces « conditions » s'appliquent au pays donateurs et aux pays bénéficiaires.

Les pays développés sont obligés, par l'ONU, de fournir des *Aides Publiques au Développement (APD)*[18] qui sont prélevées sur le PIB. Mais ces aides doivent comporter des « conditions de faveur » et une libéralité d'au moins 25 %.

L'*Organisation de Coopération et de Développement Économique (OCDE),* et d'autres organismes dont la Chine est membre[19], soumettent les prêts à des « conditions » (par exemple, des prêts bonifiés, dits *concessionnels*) ainsi que la criminalisation de la corruption des dirigeants étrangers[20].

On le sait moins, il y avait eu, un siècle auparavant, en 1885, une entente des puissances coloniales pour rechercher les « conditions les plus favorables au développement du commerce ». Malgré ce mercantilisme prépondérant, les signataires de l'*Acte général de la conférence de Berlin* l'avaient souscrit « au nom de Dieu Tout-Puissant » ; ensuite, ils tempérèrent l'exploitation des territoires en se disant « préoccupés, en même temps, des moyens d'accroître le bien-être moral et matériel des populations indigènes ». Comme quoi, ces puissances s'étaient elles-mêmes enchaînées avec des « conditions ». Ce fut, d'ailleurs, la raison de l'interpellation et de la déchéance de Léopold II pour le mauvais sort des populations congolaises engagées dans l'exploitation de l'ivoire et du caoutchouc, au point qu'on inventa le vocable de « crime contre l'humanité ».

---

[18] De 2008 à 2012 les APD octroyées à la RDC ont été de 16,5 milliards en USD constants, dont 7,3md ou 44% provenant de l'UE, et 2,3md ou 14% des USA.

[19] Comme *la Banque Asiatique de Développement (BAD)* ou l'Organisation *Internationale de Normalisation ISO 26000* sur la gouvernance.

[20] Cas de Bolloré pour des faits de *corruption* au Togo et en Guinée.

Il y a aussi des accords bilatéraux et multilatéraux. Ce sont des contrats commerciaux ou financiers, avec des droits et des obligations qui sont autant de « conditions », réelles et incontournables, même avec Pékin. Ils ont une validité légale, parce qu'ils sont librement négociés et acceptés.

Dans le cas du *FMI* et de la *BM,* les pays débiteurs défaillants étaient soumis à la rigueur et à la sévérité des *programmes de réajustements structurels*. On fait penser aux pays du Tiers-monde, mais la même recette sera appliquée à des pays de l'*Union Européenne*, comme la Grèce et le Portugal. Comme ces programmes avaient causé l'insolvabilité et la ruine de nombreux pays, le *FMI* et la *BM* ont lancé l'*iPPTE* et l'*iADM*[21] en vue d'effacer des dettes, de les rendre *soutenables* et de les rembourser, non pas aux créanciers, mais dans une enveloppe affectée à la réduction de la pauvreté et à la croissance, selon des *DSCRP*[22].

Il sera surréaliste, en 2018, d'entendre John Magufuli vanter l'« absence de conditions chinoises », alors qu'il traînait une dette extérieure de 20 milliards USD et que l'endettement de la RD Congo avait été effacé grâce aux « conditions » des *Occidentaux* !

Il y a, enfin, des actions multilatérales particulières.

À l'époque du *17 septembre*, les partenaires internationaux avaient annoncé des apports de 4 milliards USD pour réaliser diverses infrastructures (qui auraient sans doute été exécutées par des BTP chinoises !), dans le cadre de l'*iPPTE* et l'*iADM* et de l'effacement d'une dizaine de milliards de la dette extérieure. Y avait-il des « conditions » ? Oui ! Celle de ne plus retomber dans le surendettement ; toute nouvelle dette devrait être « soutenable », c'est-à-dire, susceptible d'être payée sans préjudicier la réduction de la pauvreté et la croissance. De plus, il n'y avait « pas de condition » de remettre un seul kilo de ressource naturelle.

---

[21] Initiatives de Pays Pauvres Très Endettés ; allégement de dette multilatérale.

[22] Document de Stratégie de la Croissance et de la Réduction de la Pauvreté.

La Chine en savait quelque chose ! En effet, elle connaissait tous les projets multilatéraux de la reconstruction de la RD Congo, parce qu'elle était membre du *Cadre stratégique d'Assistance-Pays* (CAP) et du *Groupe Consultatif sur la RDC*. La Chine soutenait la « condition » de ces groupes.

Elle avait aussi souscrit à la « ligne rouge » des nouveaux endettements qui devront rester *soutenables*.

Mais en 2007, la Chine était résolument atypique. Jusque-là, jamais les empires anglais, allemand, espagnol, ni français, jamais le Portugal ou l'Italie, ni tous les autres, n'avaient cherché à *s'approprier* la totalité de l'Afrique. Pour la première fois de l'histoire, un pays avait une ambition inédite et abusive : la Chine voulait tout le continent[23]…

Certes, c'étaient les entreprises *Sinohydro* et *China Railway* qui avaient signé le *contrat du siècle,* mais ce fut Pékin qui monta au front pour tenter de masquer les « 100 conditions » qui liaient le Congo, et défendre « bec et ongles » la doctrine de *gagnant-gagnant* et de « sans conditions ».

L'ambassadeur chinois à Kinshasa, Wang Ying Wu, sortit une langue, fourchue et frétillante, de vipère[24] et des propos empoisonnés :

« La Chine n'a nullement l'intention de renier ses engagements envers l'Afrique. Elle n'est pas non plus prête à reculer ou à changer d'option. Sa vision pour l'Afrique demeure inchangée. Toute initiative tendant à la détourner de son objectif est vouée à l'échec. La Chine, qui a connu guerre et colonisation, ne s'associera jamais à un pays ou à une organisation quelconque pour nuire aux intérêts d'un autre pays développé ou en développement comme lui. Par contre, elle poursuivra sans désemparer sa politique de coopération avec la RDC sur la base du principe de "respect mutuel, égalité, avantage

[23] M. Yabili, *Géant*, op.cit, p 52.

[24] Agence congolaise de presse, 29 mars 2011.

réciproque, non-ingérence dans les affaires intérieures d'un partenaire", quelles que soient les pressions. »

Wang Ying Wu parlait mandarin, mais ce qu'il disait n'était pas chinois ! Pékin énonçait, pour elle-même, des « conditions » à respecter envers l'Afrique : respect mutuel, égalité, avantage réciproque, non-ingérence dans les affaires intérieures d'un partenaire et résister aux pressions.

Mais dire que la Chine agissait « sans conditions » pour elle et pour les autres, était inexact et trompeur. Il y a toujours des conditions. Ce qui importe, c'est leur nature.

Le *17 septembre* fut une occasion ratée par Pékin. Elle aurait pu, à l'exemple des puissances coloniales de Berlin-1885, proclamer une valeur *politiquement correcte*, par exemple, la recherche du « bien-être » des populations. Cela était un thème majeur et incontournable dans un Congo qui sortait de guerre et qui devait se reconstruire.

En particulier, le *contrat du siècle* reposait sur des mines et des infrastructures. Ces deux types d'implantations ébranlent sérieusement l'environnement, en sorte que des « conditions écologiques » étaient inévitables, sous peine de commettre une sorte de crime contre la nature et l'humanité. Mais il n'en fut pas question dans le *17 septembre*.

Cette omission était préméditée, et la Chine l'assumera. En effet, lors du lancement des premiers ouvrages, des *Partenaires Techniques et Financiers (PTF)* de la RD Congo offriront des expertises environnementales pour accompagner et faire réussir pleinement le *contrat du siècle*. L'ambassadeur de Chine les repoussera :

« Il faut absolument éviter tout amalgame entre développement économique et protection de l'environnement[25] ! »

[25] http://www.digitalcongo.net/article/50772

À force d'insistances et de répétitions, le « sans conditions » avait paré les Chinois d'yeux fixes de serpents : ils hypnotisaient. Les gens ne voyaient pas tout le *contrat du siècle* ni qu'il était plein d'exigences. Notamment :

La garantie de l'État congolais pour un investissement minier qui n'était qu'un risque commercial ordinaire.
Le gage matériel au lieu du pari moderne sur la croissance du pays.
L'usure par appropriation de gages miniers importants.
L'escroquerie sur le gage en ressources minérales dont la hauteur valait plus de dix fois le volume de la dette.
L'escroquerie en gardant le gage minier prévu pour 9 milliards USD, alors que la dette sera réduite à 6 milliards.
La violation de la *soutenabilité* des dettes nouvelles.
Le taux *non concessionnel*[26] de 6,1 %[27]
L'abus de faiblesse en prétendant un financement de 9 milliards USD au lieu de 6 milliards réels.
Le monopole du marché des infrastructures, même en cas de financement par la RD Congo ou par d'autres *PTF*[28].
Le contrôle de qualité des ouvrages par les *Chinoises* elles-mêmes !
L'escroquerie en s'affranchissant des appels d'offres et en s'octroyant la liberté de fixer les prix des travaux.
La concurrence déloyale qui en découle.
La confiscation du libre développement du pays en mettant la main sur des infrastructures dont la moitié serait réalisée au-delà de 14 années !
L'escroquerie au capital en s'attribuant 68 % de la société commune alors que les *Chinoises* apportaient simplement un service temporaire de commissionnaires financiers.

---

[26] Alors que les autres débiteurs africains payaient 1,5%.
[27] Il sera dit, lors de la crise en Grèce, qu'au taux de 7% par an, un État devenait insolvable. N'en étant pas loin, la Chine organisait la faillite de la RD Congo.
[28] *Partenaire Technique et Financier.*

L'escroquerie par l'accaparement de 68 % de *Sicomines* sans apport équivalent, alors que *GCM* avait amené des actifs réels en gisements miniers et n'avait que 32 %.

L'escroquerie dans le financement de la mine qui sera supporté par la société commune et non par les *Chinoises.*

Les exonérations fiscales et douanières et celle de charges administratives, facteurs de pertes pour le trésor public et de concurrence déloyale.

La suspicion de blanchiment de 10 % à 18 % de titres de capital de la société commune pour des bénéficiaires occultes.

Le blanchiment de la corruption[29].

L'abus de la confidentialité[30].

Le refus de transparence pour le grand public et les institutions[31]. Etc.

Finalement, *le contrat du siècle* a « éventré le boa »[32] chinois. Pour la première fois, on pouvait voir que la prétention de la Chine à contracter en Afrique, « sans conditions », était, en réalité, accompagnée de « 100 conditions ».

---

[29] Par exemple, la prise en charge des négociateurs congolais de *GCM* dont on fit venir les épouses à Pékin.

[30] Le contrat ne comportait aucun brevet ou secret des affaires dont la divulgation aurait affecté les profits de l'exploitation minière ou de la construction des infrastructures. En cas de matières sensibles, les populations sont représentées par les députés qui sont informés, au besoin à huis clos ou en commissions.

[31] C'est ainsi que le *deuxième contrat du siècle* restera complètement secret.

[32] « Éventrer le boa », c'est révéler des réalités cachées.

DE BRAVES CONGOLAIS NI AVEUGLES NI MUETS

Des braves Congolais existaient bel et bien

Comment les Congolais n'avaient- ils pas démêlé les équations chinoises ? L'histoire allait-elle retenir que les *Chinoises* leur avaient fait avaler des couleuvres à tous ?

[Déjà, les Congolais du passé sont chosifiés, et décrits en piètres esclaves de Blancs, dégradés et humiliés, malmenés et impuissants, pareils à du papier broyé et déversé dans une cuvette dont on tire la chasse d'eau[1] ! Après les Blancs, ils seraient soumis à des Jaunes ?]

Les *honorables* députés furent édifiés sur le *contrat du siècle*, en séance publique, en mai 2008. Mais ils n'avaient rien ou pas bien compris, par leur contribution à la culture ambiante de la *ruse* qui dispensait d'analyses et de débats.

Le dossier chinois resta totalement dans les mains de l'*État parallèle* et des *élites* des richesses naturelles, autocrates, opaques et suspects de compromissions. Ils servaient, par priorité, les *Cinq Chantiers* et la propagande électorale précoce en vue de la pérennité au pouvoir de *Boss*.

[L'histoire jugera peut-être si le *rapt* crapuleux des prérogatives du gouvernement légal équivaudra à de la traîtrise, si jamais il engageait la survie des générations futures.]

Que dire des autres Congolais ? Ils étaient éduqués, non seulement dans les écoles et les universités, mais par le monde alentour qu'ils avaient parcouru ou qu'ils appréhendaient dans des écrits et sur des écrans numériques. Devant le *contrat du siècle*, avaient-ils été des témoins impuissants qui seraient condamnables pour *faute morale*, par *abstention coupable* ? Ne pouvaient-ils rien faire ? Ne serait-ce que dire quelque chose ?

De nombreux Congolais avaient plus que des larmes pour pleurer. Ils restaient clairvoyants. Certains avaient le courage de leurs opinions. Cela remontait au temps de *Vieux*.

---

1 M. Yabili, *Fake news*, op.cit.

[C'est la *bravoure* de cadres de *Gécamines (GCM)* qui avait mis en échec le décret présidentiel par lequel *Vieux* avait cédé, en 1997, toutes les ressources minières du Katanga aux aventuriers d'*American Mineral Fields (AMFI)*.

[Leur bravoure consista aussi à organiser des fuites et à témoigner pour l'histoire. C'est grâce à eux qu'on sait qu'au lendemain de la prise de Lubumbashi avec l'aide de troupes rwandaises, un *pas-de-porte* de 25 millions USD, versé à *GCM,* fut détourné sur Kigali, à la *Banque de commerce, de développement et d'industrie (BCDI)* qui venait d'être créée, fin 1996[2].

Par la suite, *Vieux* demanda au patron de *GCM* de signer une convention déjà signée dans son premier cercle. Tous auraient pensé que *les dés étaient pipés* et qu'il n'avait aucune autre possibilité que de valider des documents qu'il n'avait pas négociés et qu'il venait de parcourir en diagonale. En effet, il signa ! Mais en ajoutant, à la surprise générale, la mention « sous réserve ». Il avait invalidé les arrangements dictés par *Vieux* ! Et les négociations furent relancées.

Son successeur[3] connut le même piège. On lui imposa un investisseur minier dont la voracité avait été approuvée par *Vieux*. Agacé, il se leva, frappa du poing sur la table et cria : « si vous insistez, *I go back home* ![4] ». L'ami de *Vieux* recula.

Plus tard, devenu ministre, on lui demanda de signer une convention léonine. Il dit aux autres ministres co-signataires qu'« il n'est pas normal qu'un État traite avec une société offshore. Et à cause de tout ce que nous signons, nous serons, un jour, appelés à comparaître devant un tribunal ! »]

Les juristes congolais étaient aux premières loges des contrats léonins. Les explorateurs, spéculateurs et prédateurs se faisaient accompagner de cabinets juridiques extérieurs, mais habituellement, les Congolais se contentaient de faire de la figuration et de s'enrichir par une complicité active. C'est ainsi que le Code Minier fut articulé dans les termes

---

[2] Ambroise Mbaka, alors PDG *GCM*, avait demandé à l'auteur de le citer.

[3] Ignace Kitangu, DG *GCM*.

[4] Je vous quitte et je rentre chez moi !

voulus par les étrangers ; il en fut de même pour les interprétations ultérieures qui ont toujours été à la défaveur du Congo. Mais certains juristes firent la distinction entre ce qui était négociable et équitable d'une part, et le pillage et la trahison d'autre part. Ils accompagnèrent des pilleurs, mais sans les laisser piller. L'un d'eux[5] refusa de défendre un investisseur ciblé par le Panel de l'ONU sur le pillage. Le même, laissa tomber un client lorsque les autorités agréèrent des clauses prédatrices qu'on lui demandait de rédiger. Le client, furieux de cet abandon, menaça de reprendre tous les honoraires qu'il lui avait déjà payés. La somme était consistante… « No problem ! dit-il. Reprenez le tout et je reprends aussi tous les droits que je vous ai obtenus. Je vais louer une page du *Financial Times* de Londres pour y annoncer mes droits sur vos affaires congolaises… »

Même si ces braves gens n'ont pas inversé le cours inexorable du pillage, ils avaient bien existé, au temps de *Vieux*.

Par la suite, les cadres supérieurs n'avaient plus bougé.

C'était anormal. Mais selon *la théorie des exoplanètes*, la répétition de ce profil bas révéla l'origine de la soumission.

Tout commença le jour où *Machi* devint le patron tout-puissant des entreprises publiques[6] ; c'est lui qui nommait, qui révoquait et qui dictait tout.

[Les enquêteurs de l'ONU avaient obtenu des comptes rendus qui indiquaient que *Machi* présidait des réunions dans des entreprises publiques pour s'assurer, bien après la mort de *Vieux*, qu'on honorerait financièrement les clauses cachées, notamment la formule de partenariat « 68-32 ». *Vieux* n'était pas mort ! Il avait laissé des héritiers, dotés, non pas de belles dents, mais de crocs !]

---

[5] Témoignage de l'auteur.

[6] Ministre délégué à la Présidence, chargé du portefeuille de l'État de 2001 à 2002. Révoqué, suite au Rapport du Panel de l'ONU sur le pillage, mais resté en service occulte et omnipotent, les années suivantes.

Plusieurs voix, congolaises et fortes

On s'interrogeait sur la privation du droit à l'information.

« L'information ? Ce n'est pas une vague pensée occidentale. C'est dans les Droits de l'Homme de 1948. C'est même devenu une obligation : tous les contrats publics doivent être publiés au Journal Officiel. L'information du peuple exprime aussi le degré d'indépendance et de dignité nationale des dirigeants face à des partenaires et interlocuteurs étrangers. Il n'était pas normal que les Chinois aient été informés depuis 2006 de l'option politique de financer les travaux d'infrastructures par les ressources naturelles, et pas les Congolais ! Il n'était pas normal que ce fut un journal étranger[7], et non congolais, qui avait dévoilé, le premier, le contenu du *17 Septembre* 2007. Plus tard, les seules informations sur le niveau d'exécution des chantiers chinois[8] seront livrées à une ONG étrangère qui s'était plainte de l'absence de transparence[9]. »

Plusieurs Congolais voulurent savoir à quelle sauce chinoise ils seraient mangés. Pour certains:

«De nombreuses décisions politiques et économiques importantes ont été prises dans la précipitation. Des accords, des traités, des contrats *léonins* ont donné à des personnes morales et physiques des avantages exorbitants au détriment des intérêts du Pays et des Populations. On imagine le Congo dans 20 ans, avec des images qui nous interpellent : on voit plus de 200 entreprises minières installées dans nos provinces, dans des sites retranchés, clôturés, gardés militairement ; on voit des populations de plus en plus pauvres, autour des sites miniers, pétroliers, de forêts d'exploitation de bois ; les gens manifestent, c'est la révolution, des cas d'attaques, vols, viols et enlèvements se multiplient ; on voit aussi un millier de

---

[7] Marie-France Cros, *Libre Belgique*, 7.12.2007, www.lalibre.be/actu/international/article/388007/ce-que-dit-le-megacontrat-chinois.html

[8] Global Witness www.globalwitness.org/sites/default/files/DRC-China%20Infrastructure % 20status%20March%202011.pdf

[9] Global Witness, *La Chine et le Congo : des amis dans le besoin*, mars 2011.

Congolais devenus extrêmement riches ; ce sont eux qui avaient été à l'origine de l'octroi des concessions d'exploitations minières, pétrolières, et de télécommunications, des pseudo-privatisations des entreprises publiques, des contrats de gré à gré pour la construction des infrastructures, etc. Faut-il que les générations futures nous accusent de n'avoir pas appréhendé les conséquences désastreuses de ce *contrat du siècle*[10] ? »

Pour un juriste[11] :

« Le *17 septembre* est une convention léonine[12]. Il y a eu un verrouillage excessif des intérêts chinois tant par les garanties données par la RDC que par des clauses de protection. Il y a aussi de l'amnésie : les mêmes vices fustigés en 2007 dans les contrats miniers sont acceptés, la même année, dans le contrat chinois. Il y a enfin la démission ou l'incapacité pour la RDC de gérer elle-même sa reconstruction qu'elle envisage de réaliser par procuration et à un coût prohibitif. »

Pour d'autres, le Congo avait trahi en *lâchant* l'essentiel ; il s'agit de la valeur ajoutée aux minerais qui donne le levier géopolitique des *métaux rares* :

« La grande aberration du *troc* du siècle est d'avoir donné à la Chine des métaux qu'ils usineraient à un degré de raffinage qui était déjà acquis par la RD Congo depuis 90 ans. Au mieux, les Chinois prendraient du cuivre cathode et du cobalt raffinés à 99 % et dont la RDC avait, dans le passé, critiqué les traitements à Hoboken en Belgique ! Le *contrat du siècle* exportait tout en Chine, sans aucune obligation de transformer ces métaux en RDC, d'y créer une industrie de

---

[10] Jean Bamanisa, visionnaire, alors député national ; email à l'auteur.

[11] Laurent Okitonembo Wetshongunda, *Communication juridique à la journée de réflexion sur : « Les enjeux de la convention sino-congolaise. Analyse des experts congolais »*, CEPAS, 3 juillet 2008.

[12] Qualification contestée par Christian-jr Kabange Nkongolo qui plaide pour une renégociation, *Quelques considérations juridiques sur le deal sino-congolais*, 2009, leganet.cd/Doctrine.textes/Decon/Dcontrats/KABENGE.2009.htm

dérivés du cuivre et du cobalt. Techniquement, le fameux contrat fut un grand bond en arrière ![13] »

Pour un ingénieur des mines[14] :

« Grâce à l'appât de 9 milliards USD hypothétiques, la Chine a raflé cinq tranches de profits : 1- la fourniture d'infrastructures avec profit[15], 2- la réalisation de constructions avec profit, 3- la prise de participation majoritaire (68 %) dans la société minière 4- le loyer de l'argent prêté avec intérêts et 5- des retombées financières et commerciales, directes et indirectes, par leur présence et leurs opérations en RDC. Sur le plan historique, le système colonial avait construit le pays et extrait 4.900.000 tonnes de cuivre, 72.000 tonnes de cobalt et 248 tonnes d'or, contre 8.000.000 tonnes de cuivre et 800.000 tonnes de cobalt que les Chinois vont récupérer en échange d'infrastructures, mais dans un contexte de non-réalisation prioritaire ou coordonnée avec les *DSCRP*. »

Ou encore :

« Il y a eu un transfert des atouts de souveraineté internationale. En particulier, on renforcera la Chine comme producteur mondial de cobalt, un métal rare et prisé par les nouvelles technologies. Au point qu'en 2010, la RD Congo ne pèsera plus que 5,5 % du cobalt mondial raffiné, tandis que la Chine, surgissant de nulle part, représentera 43,30 %[16]. Une performance et un rang obtenus essentiellement avec des minerais congolais ! Le Congo se laissera voler de la valeur ajoutée qu'elle avait maîtrisée depuis un siècle, et un levier géostratégique des rapports de forces. Ce sera le premier hold-up planétaire ! Réalisé par la Chine, sur le dos du Congo. Il n'y avait pas de *gagnant-gagnant* ![17] mais du *gagnant-perdant* ! »

---

[13] En 2018, les Chinois exporteront des minerais bruts ou semi-ouvrés.

[14] Kalala Budimbwa, congograndbeauetrichepays.over-blog.com.

[15] Les infrastructures ne sont pas gratuites ; elles ne sont pas facturées à leur prix de revient, mais avec des bénéfices sur ces travaux.

[16] Cobalt Development Institute 2010.

[17] M. Yabili, *Géant*,op cit, p 214

CONTRE UN MAUVAIS PLEIN GRÉ

Les Occidentaux font tourner en rond

La RD Congo avait accédé à l'indépendance le 30 juin 1960, sans un seul mort causé par une guerre de libération, mais par le mérite du *droit des peuples à disposer d'eux-mêmes*. Les dirigeants coloniaux avaient cédé aux Congolais la plénitude de leur *souveraineté internationale*. Mais la colonisation ne pouvait pas transférer la vraie indépendance résultant de la *souveraineté des peuples* et de leurs droits humains, culturels, économiques et sociaux.

Depuis, les dirigeants successifs se sont parés de prérogatives étatiques pour leurs propres intérêts et caprices, sans égard pour le véritable souverain : le peuple. Cette usurpation du 30 juin en ferait le plus grand *hold-up* de l'histoire congolaise. Le *17 Septembre* en serait l'illustration.

Kinshasa était alors bicéphale. Un vieux grabataire dirigeait un jeune gouvernement, alors que le pouvoir réel était exercé par un *État parallèle* et par un jeune qui freinait des deux pieds. Il jouait en même temps sur deux tableaux.

D'un côté, il faisait croire que l'avenir reposait désormais sur les *Cinq Chantiers* et la Chine. Finie la lente remise en ordre d'un pays ravagé par la guerre civile, amorcée depuis 2001 et qui venait de se doter d'institutions nouvelles et de programmes bien identifiés et bel et bien approuvés. Et pour bien marquer le changement de cap, la date du *contrat du siècle* avait été choisie pour donner une gifle à Brian Ames, à sa délégation du *Fonds Monétaire International (FMI)* et aux programmes *iPPTE* et *iADM* soutenus par le gouvernement légal et les *PTF*[1], dits *Occidentaux*. Il réussit à faire oublier que la Chine, elle-même, faisait partie des *PTF*, donc, des *Occidentaux* !

---

[1] *Partenaires Techniques et Financiers (PTF).*

[C'est pour cette raison que Pékin prit soin de préciser dans l'annonce du *17 Septembre* que « pour la Chine, la coopération n'est pas exclusive ; elle appuierait la coopération avec les autres partenaires. »][2]

D'un autre côté et par deux fois, à Paris et à Washington,[3] la RD Congo se déclara *l'élève modèle* des *PTF*. La troisième confirmation fut donnée aux députés :

« Les termes définitifs du contrat chinois refléteront l'objectif du gouvernement d'accélérer la croissance en vue de réduire effectivement la pauvreté… Le gouvernement s'inscrit dans une optique gagnant-gagnant en attirant les investisseurs étrangers dans les secteurs de ressources naturelles et des infrastructures tout en maintenant une collaboration étroite avec les institutions financières internationales pour atteindre *le point d'achèvement* dans un meilleur délai. »[4]

Tout cela confirma qu'à la veille du *17 Septembre 2007*, le *point d'achèvement* devait être atteint dans les six mois, et suivi par le processus de l'effacement de 90 % de la dette extérieure et de l'éligibilité à de nouveaux financements.

Mais subitement, ce *timing* disparut. La priorité et l'exclusivité revinrent au *contrat du siècle*. Kinshasa était fascinée par la Chine et dissimulait les termes du contrat. Les *PTF* voulurent vérifier que la nouvelle dette d'origine chinoise était soutenable. Ils prirent langue avec la Chine.

Johanna Jansson (J.J.)[5] raconte cette histoire extraordinaire du *freinage des deux pieds*6 et des tractations directes entre des *PTF* et Pékin.

---

2 ACP, 18.07.2007.
3 Réunion de Paris avec les partenaires ; rencontre à la Maison Blanche, 2007.
4 Ministre Pierre Lumbi, 2008, www.presidentrdc.cd/chinois_et_nous.html.
5 Par la suite, nommée Johanna Malm.
6 Copyright granted. Johanna Jansson (Malm), *The Sicomines Agreement: Change and Continuity in the Democratic Republic of Congo's International Relations*, South African Institute of International Affairs, Occasional paper Nr 97, October 2011. Traduction.

« Les discussions entre le *FMI* et la Chine eurent lieu à Pékin et à Washington ».

[L'ambassadeur chinois à Kinshasa Wu Zexian, arrogant et conflictuel le reconnut : « le *FMI* est de mauvaise foi. Ses représentants se sont même déplacés à Pékin pour nous dissuader de nous entendre avec la RDC. Et cela alors que la Chine est sollicitée pour engager des milliards d'USD dans le refinancement du *FMI* lui-même ! »[7]]

J.J. précise que « le gouvernement belge avait été le premier donateur bilatéral à réagir publiquement à l'accord, et ses représentants avaient même eu des discussions en Chine, en vue de modifier le *contrat du siècle* ».

[La diplomatie belge fut aussi active à Kinshasa. Bruxelles suggéra l'élémentaire utilité de présenter un minimum de documents comptables publics. C'est ainsi que le Premier ministre Antoine Gizenga écrivit, le 13 juin 2008, au *FMI* pour s'engager à laisser le cabinet *Deloitte Touche* auditer les états financiers 2007-2009 de la *Banque Centrale du Congo (BCC)* et à tenir l'institution "informée des mouvements de comptes suspects de la *BCC*". Par la suite, *Boss*, qui fut reçu le 16 juillet 2008 au palais de l'Élysée, demanda à Nicolas Sarkozy d'intervenir auprès du français Dominique Strauss-Kahn, directeur général du *FMI* pour obtenir l'effacement de la dette.[8]]

J.J. raconte aussi que « tous les donateurs traditionnels de la RDC voulaient réduire le volume des prêts chinois pour les infrastructures et enlever la garantie de l'État congolais sur l'investissement minier ». Kinshasa était réellement sous la pression de ses donateurs traditionnels pour renégocier l'accord, car en 2006, 57 % du budget provenaient de l'assistance extérieure ; 35 %, en 2007 et 36 %, en 2008.

« Jusqu'en mai 2009, le *FMI* avait gardé un profil bas. L'institution disait qu'elle n'avait pas reçu la copie de

---

[7] Colette Braeckman, in *Le Monde Diplomatique,* septembre 2009.
[8] Indigo Publications N° 546, 2008

l'accord du *17 Septembre*, alors que le texte circulait largement dans les instances officielles. Le *FMI* ne fit aucune déclaration publique sur la question. L'institution attendit le mois de mai 2009 et que son directeur général Dominique Strauss-Kahn (DSK) voyage pour Kinshasa ».

[Selon Strauss Kahn, « quand des entreprises ou des banques chinoises viennent investir en Afrique, elles le font parce qu'elles espèrent en retirer des revenus, et c'est bien normal. Mais il faut que leurs contrats ne soient pas léonins. »[9]]

J.J. précise aussi que « certains pensaient, avant ce voyage de DSK, que *Boss (B.)* était convaincu qu'il aurait à choisir entre le financement chinois et l'effacement de la dette organisé par l'*iPPTE* et l'*iADM*. Selon eux, *B.* était prêt à choisir la Chine, car il lui semblait improbable d'obtenir des donateurs traditionnels, à la fois, l'effacement de la dette et de nouveaux financements. D'autres estimaient que *B.* n'aurait pas sacrifié ses liens avec des donateurs qui contribuaient pour près de la moitié de son budget. »

« Les câbles de la diplomatie américaine, révélés par Wikileaks, ont montré que *B.* était peu au courant des dossiers importants. Et quand Dominique Strauss-Kahn était venu le persuader de renégocier les contrats chinois, il tomba des nues. "*Boss* était très certainement mal informé sur cette question avant la visite de Strauss-Kahn". Une situation déjà rencontrée avec le bobard de la bombe nucléaire à New York ou l'absence de signature du contrat lors du lancement du premier chantier d'infrastructures à Kasumbalesa. Pour les Américains, " il n'était pas sûr que *B.* avait compris entièrement ce qui lui était demandé ni qu'il aurait eu un semblant de volonté politique, sans la visite de Strauss-Kahn"[10]. »

---

[9] Nairobi, 10.03.2010 - http://www.mediacongo.net

[10] Jeune Afrique, *faible, susceptible et mystérieux... Kabila vu par Washington* http://www.jeuneafrique.com/Articles/Dossier/ARTJAWEB20111121164838/joseph-kabila-kinshasa-rdc-etats-unisrdc-wikileaks-faible-susceptible-et-mysterieux-kabila-vu-par-washington.html

Johanna Jansson (J.J.) poursuit : « dans tous les cas, le « tête-à-tête » du 24 mai 2009 entre *B.* et DSK avait changé la perception congolaise de la situation. Beaucoup ont cru qu'après la rencontre, *B.* a commencé à jouer sur les deux tableaux : travaillant pour finaliser à la fois l'effacement de la dette extérieure et le financement chinois. »

« Le 2 juin 2009, soit moins de deux semaines après la visite de Strauss-Kahn, le gouvernement congolais envoya une lettre officielle à *China Railway (CREC)* pour demander la suppression de la garantie de l'État congolais sur l'investissement minier.

Et *CREC* répondit favorablement : « nous pensons que l'investissement du projet minier… n'a pas besoin de la garantie de la RDC ».

La deuxième tranche des infrastructures (de 3 milliards) fut supprimée dans la modification du contrat d'octobre 2009. Désormais, le contrat porte sur un endettement total de la RDC rectifié à 6 milliards, au maximum. »

Et J.J. de conclure : « suite à cela, la RDC rejoignit le programme du *FMI,* et signa, en décembre 2009, un "arrangement de facilité de crédit". »

C'était surréaliste ! Le Congo avait déjà perdu dix ans…

[Début 1998, le gouverneur de la Banque Centrale, Jean Claude Masangu, et le ministre des Finances, Fernand Tala-Ngai, furent invités à Washington pour enclencher le processus d'effacement de la dette publique héritée des 32 années de pouvoir de Mobutu. Mais Vieux était loin de savoir que les bailleurs de fonds avaient rectifié leurs tirs à la suite des échecs des politiques de réajustements structurels et avaient aménagé l'*iPPTE* au sommet du G7 à Lyon en 1997. Lorsque les deux délégués rentrèrent à Kinshasa, Vieux les insulta copieusement et balaya tous les arrangements en vue de l'effacement de la dette congolaise. C'est ainsi que Vieux avait fait que la RD Congo rate le train ; elle aurait été parmi les premiers bénéficiaires de l'*iPPTE* et de l'*iADM*. Cette même année 1998, l'Ouganda et la Bolivie devinrent les premiers pays éligibles à l'*iPPTE*. En 2007, 19 pays bénéficièrent de l'*iADM*.][11]

Mais à présent, on se trouvait en 2009 !

Le Congo, *relooké* par de nouvelles institutions, s'était payé le luxe de perdre deux années à cause de sa fascination de la Chine et de sa cécité devant des clauses aussi élémentaires que la garantie de l'État et les 3 milliards de trop, dans un financement revolving !

[Pour rappel, les 9 milliards d'endettement initial comprenaient 6 milliards de deux tranches de 3 milliards d'infrastructures. Après 2009, on ne gardera plus que les encours des deux endettements véritables, soit 3 milliards pour les ouvrages et 3 milliards pour la mine[12]. Total, 6 milliards.]

Et il avait fallu que Strauss Kahn vienne spécialement de Washington pour que *Boss* comprenne ce qui était clair et simple, et avantageux pour la RD Congo !

Ensuite, il n'avait fallu que deux semaines pour obtenir la rectification des aberrations et des fraudes des *Chinoises,* sans nuire à leurs intérêts légitimes.

Trois brosses servirent au toilettage du *contrat du siècle.*

Il y avait d'abord la vérité des chiffres dont le toilettage de 9 à 6 milliards renforça la soutenabilité de la dette de Chine.

Il y avait, ensuite, le retrait de la garantie de l'État sur un investissement minier, qui était de nature privée et commerciale. Cette garantie *inutile* présentait un risque pour l'autonomie budgétaire et la soutenabilité de la dette publique.

Il y avait aussi le loyer de l'argent. Le Congo avait accepté le taux d'intérêt commercial de 6,1 %[13], alors que les

---

[11] M. Yabili, *Le Géant*, op.cit.

[12] 3 milliards frauduleux ; la rectification relevait de la RDC qui ne l'a pas fait.

[13] À 7% d'intérêts, un pays deviendrait insolvable.

contrats chinois des autres pays africains appliquaient le taux *concessionnel* d'environ 1,5 %. Le taux fut réduit à 1,7 %.

[Ce point révéla la supercherie chinoise. On a fait croire que les 6,1 % étaient exigés par *Eximbank*, mais ce sont les *Chinoises* qui se sont engagées à supporter la différence de 4,4 %. Était-ce par générosité ? Ou par régularisation ?]

Avec la levée de ces trois *chinoiseries*, le Congo fila tout droit vers le fameux *point d'achèvement*.

Mais cette étape ultime de l'*iPPTE* et de l'*iADM* nécessitait encore des aménagements. Il y en avait sept :

« Le *DSCRP* (document stratégique pour la croissance et la réduction de la pauvreté), la stabilité économique, l'utilisation de l'épargne budgétaire, la gestion des dépenses publiques, la (bonne) gouvernance avec prestation des services dans les secteurs prioritaires, les secteurs sociaux et ruraux, la gestion de la dette et la passation des marchés publics [14] ».

C'est ainsi qu'avec deux années de retard sur la mission de Brian Ames, en septembre 2007, la destination financière serait atteinte, sans peine, comme par inertie…

Mais il fallait encore que Kinshasa cesse de jouer…

Un double jeu, ou triple ou, même, un quadruple jeu !

Et Fortin démissionna

Qu'est-ce qui pouvait préoccuper davantage que les clauses abusives du *contrat du siècle* (sur la hauteur du financement, la garantie de l'État et les taux d'intérêt) qui avaient fait accourir Dominique Strauss-Kahn du *FMI* ?

On pouvait s'inquiéter pour la bonne gouvernance des secteurs prioritaires et la fameuse *réduction de la pauvreté*, fragilisées par l'absence de volonté politique et de leadership.

[14] Tous droits réservés pour cette citation.

L'*État parallèle* pouvait toujours briller à l'improviste.

La *convention de coopération* du 22 avril 2008 obligeait les *Chinoises* à payer, d'entrée de jeu, 350 millions USD comme « pas de porte »[15]. La somme comportait une allocation de 100 millions pour une assistance financière à la rénovation technique de *Gécamines*. La société cumulait, entre autres, plusieurs années de salaires impayés qu'il fallait apurer par priorité, en totalité et en une fois. Des décomptes de salaires en USD furent émis et approuvés par les agents. Tous attendaient l'argent des Chinois.

« Le non-paiement de salaires tout en gardant les travailleurs en service heurte le bon sens africain. Un modeste éleveur de poules pense à leur donner à boire, car il sait qu'à défaut d'eau, la volaille crève ! Comment, au Congo, on ne prenait pas soin des besoins vitaux des employés, mais on les obligeait à rester en activité ? À un esclavage incontestable ? »[16]

Comme par hasard, au moment où les *Chinoises* s'apprêtaient à payer *GCM*, le tribunal de commerce de Lubumbashi fut saisi, en avril 2009, par *Caprice Enterprises Limited*[17], une firme méconnue, qui réclamait à *GCM* 23,7 millions pour une dette, jusque-là inconnue.

La créancière était l'émanation de *La Tique (Tiq)*...

[*Caprice Enterprises Limited* venait d'être créée en 2007 ; elle était l'une des 47 sociétés-écran immatriculées aux Îles Vierges Britanniques parmi les 59 offshores de *La Tique (Tiq)* et suspectées[18] de prédation en RD Congo.]

En juin 2009, les *Chinoises* versèrent 50 millions USD comme première tranche du pas-de-porte. Le 19 juin 2009, Paul Fortin, l'*incompétent* patron canadien de *Gécamines*

---

[15] Prime forfaitaire initiale.

[16] M. Yabili *Droit du Travail Congolais 1885-2010 : déroute et pistes de redéploiement,* in *Droit Congolais à l'Épreuve du Temps*, PUL, 2010.

[17] Représentée par Dino Chincotta and Maximilian Torres.

[18] Communiqué du député britannique Eric Joyce, 18.11.2011.

rencontra le gouverneur de la *Banque Centrale du Congo (BCC)* où atterrirait la somme. Triomphant, il annonça à la presse le prochain règlement de tous les arriérés de salaires du personnel tant national qu'expatrié.

La nouvelle aurait été un triomphe pour l'*État parallèle*. Vingt mois après le *17 Septembre*, les premiers fonds chinois seraient consacrés à la réduction de la pauvreté, et bénéficieraient aux agents de *GCM*. Paul Fortin se fit bavard :

« La rencontre avec la BCC s'est bien passée, nous sommes dans la phase de mise en application des programmes prévus. Ce sont d'excellentes nouvelles. Il y a longtemps que nous travaillons sur ces questions, et nous sommes très heureux d'avoir l'appui de la *Banque centrale*, parce que sans elle, l'opération n'aurait pas pu se réaliser ».[19]

Mais, soudain, la somme se volatilisa. Une commission parlementaire conclut qu'on avait soutiré 23.722.036 USD aux fonds chinois pour exécuter le jugement-surprise en faveur de *Caprice Enterprises*[20].

[Cependant, *GCM* était une entreprise étatique ; elle bénéficiait d'une sorte d'immunité judiciaire qui empêchait de la contraindre à exécuter des jugements. Certes, *GCM* payait en RDC, mais elle le faisait volontairement ; le jugement et son exécution étaient un maquillage pour donner de la consistance à une opération qui en était, sans aucun doute, dépourvue.]

Ainsi, l'*État parallèle* ne pouvait ni attendre ni cacher les véritables motivations du contrat du siècle. La *théorie des exoplanètes* apportait la réalité des intérêts liés à *Tique*.

Est-ce qu'on découvrira d'autres intérêts cachés de *Tiq* ?

Fortin avait fait des déclarations publiques et précises. Mais aucun salaire ne fut payé. Ni au pays ni à l'étranger. Ni même en partie. Fortin fut humilié. Et Fortin démissionna.

---

[19] Radio Okapi, 19 juin 2009

[20] In Global Witness, *La Chine et le Congo : des amis dans le besoin*, mars 2011. Des responsables de *GCM* et de la *BCC* ont contredit la commission.

[Les agents ont continué à attendre le *pas-de-porte* chinois. Même lorsque *GCM* aura amassé d'importants revenus apportés par d'autres partenaires miniers. Ils furent payés difficilement, à contrecœur, fort tardivement et au cas par cas. Et dix années plus tard, certains arriérés resteront impayés.]

En plus de l'ignorance de leur propre loi sur les sociétés pour s'assurer le plein de voix lors de votes dans *Sicomine*s, les Congolais avaient *salivé* et disjoncté pour 50 millions seulement, alors que le contrat portait sur des milliards.

Tout cela ne put qu'encourager les *Chinoise*s à davantage de *roublardise*. Un adage dit que « pour être respecté, il faut être respectable ». Le Congo s'était mis à nu et à genoux. Un état pitoyable ! Voilà qui pourrait expliquer le mépris particulier que Pékin semblait vouer à Kinshasa.

L'anecdote eut une portée historique. Les fonds du tout premier paiement chinois n'avaient pas bénéficié à la population ciblée. L'incident révéla ainsi que la bonne gouvernance et le leadership ne sont pas de simples vues de l'esprit. Impayés et frustrés, des employés de *GCM* souffrirent pendant des années ; certains en moururent, dans le silence et l'indifférence.

Mais *Boss* était au courant de tout cela.

Il avait certainement fait le choix entre les bénéficiaires des fonds chinois et ceux qui y prétendaient ; entre d'une part des Congolais et, d'autre part, *Tique* et ses amis.

Bien entendu, il gardait les capacités de faire, ultérieurement, d'autres arbitrages.

Est-ce que ces choix seront similaires ?

LE DEUXIÈME CONTRAT DU SIÈCLE

20 milliards : l'autre « contrat du siècle », top secret !

Boss était puissant… Mais avait-il l'agilité de Pelé ou de Maradonna ou de Messi, pour jouer un triple jeu ?

On s'enthousiasmait ou on s'étripait à propos de *China Railway*, *Sinohydro* et *Eximbank* sans savoir que Kinshasa garda, sous l'aisselle, un autre *contrat du siècle*, signé le 11 octobre 2007 avec la *China Development Bank (CDB).*

[*CDB* est une institution 100 % étatique. Elle a le statut de banque privée, depuis 2008. Comme *Eximbank*, *CDB* est chargée de *prêts politiques* ; on la classe parmi les *policy banks*[1]. Fondée en 1994, *CDB* a connu un développement fulgurant, devenant rapidement la plus importante institution de développement au monde avec un capital de 95 milliards et plus de 1000 milliards d'actifs. Ce chiffre était impressionnant, en comparaison des 600 milliards des actifs de l'ensemble du groupe de la *Banque Mondiale*. Deuxième plus grand émetteur d'obligations en Chine, *CDB* peut fournir des taux d'intérêt et des prêts à long terme que les autres banques chinoises et étrangères ne pourraient concurrencer. »[2]]

CDB passe pour la *policy bank* la plus puissante. Elle dispose d'une force de frappe *tous azimuts :* santé, agriculture, environnement, infrastructures, routes, voies ferrées, mines, énergie, hydrocarbures, agriculture, manufactures et finances ! Elle est un véritable *Cheval de Troie* pour accompagner toutes sortes d'activités dans toutes les branches, et les financer à l'infini. De ce fait, *CDB* est l'arme suprême de la conquête impériale chinoise.

---

[1] Jusqu'en 2008, aux côtés d'*Agricultural Development Bank of China* et d'*Eximbank.* En 2016 Pékin lancera la *Banque asiatique d'investissement dans les infrastructures (BAII)* des « nouvelles routes de la soie » connectant des parcs industriels avec des ports, voies ferrées et routes, de par le monde.

[2] Amine Ater, 28.3.2017 https://afrique.latribune.fr/finances/banques-/-assurances/2017-03-28/financement-chinois-eximbank-et-cdb-le-duo-de-choc.html

[On connaît les deux procédés de Pékin. D'un côté, c'est la main-d'œuvre bon marché qui fit de la Chine l'usine du monde. Par la suite, les usines chinoises délocalisèrent dans des pays ayant des salaires moindres. D'un autre côté, la soif des matières premières ponctionnait des ressources naturelles des pays étrangers, mais, rapidement, la Chine s'expatria pour obtenir directement des matières premières et d'autres produits, même agricoles.]

Dans cette offensive, dite *going global*, la *CDB* permet aux Chinois d'accaparer, non seulement des richesses naturelles extérieures, mais aussi des produits du sol et du sous-sol ainsi que des services et de la clientèle locale des pays hôtes. Il en résulte une concurrence déloyale envers les autres opérateurs économiques des pays d'accueil.

CDB est le loup chinois placé dans la bergerie du monde !

En 2007, CDB créa la *China Africa Development Fund* pour véhiculer ses investissements en Afrique. En 2008, *CDB* signa, avec la *Banque Africaine de Développement (BAD),* un protocole d'entente[3] pour le développement économique de l'Afrique par des partenariats public-privé[4].

Les délocalisations des usines chinoises en Afrique servent à exporter, notamment vers l'*Union européenne,* le label *« made in Africa »*. Les produits chinois, rhabillés africains, bénéficient des accords commerciaux préférentiels, normalement interdits à la Chine ! Le cas flagrant est la *success story* du parc industriel d'Hawassa[5] en Éthiopie.

La Chine elle-même avait créé des *Free Trade Zones*[6].

---

[3] Élaboration de plan d'action annuel pour réaliser les projets ; revue conjointe des progrès dans les implantations ; échange de personnel, PANA, 1.09.2008.

[4] Les besoins de l'Afrique en infrastructures nouvelles étaient, alors, estimés à 40 milliards USD par an pour les dix années à venir.

[5] 300 hectares d'usines avec des ouvriers payés 20 fois moins qu'en Chine.

[6] « Ces zones proposent aux entreprises étrangères des conditions préférentielles (droits de douane, libre rapatriement des investissements et des bénéfices, exonération d'impôts pendant plusieurs années, des impôts très bas, extraterritorialité pour les cadres qui viennent travailler... », Wikipedia V°.

Ces zones *franches* bénéficient d'une main-d'œuvre locale bon marché et d'avantages fiscaux, douaniers et financiers.

Après l'Éthiopie, le Congo s'en inspirera pour ses propres *zones économiques spéciales (ZES)*[7]. Des entreprises, sans doute chinoises, y produiraient du « made in Congo », destiné, cette fois aux débouchés extérieurs de la Chine.

« Tout entrepreneur qui s'installera dans la zone est exonéré de toutes taxes pour 5 ans, renouvelables. Celui qui aménage la zone est exonéré pour 10 ans, renouvelables. À la fin de la période, il paie 50 % des droits et taxes dus à l'État. Cela permettra au Congo de devenir un grand exportateur ».[8]

En 1997, *Vieux* avait allongé le Congo sous ce rouleau compresseur chinois en signant avec *Zhongxing Telecommunication Equipment Company (ZTE)* qui envisagea, plus tard, d'y produire des biocarburants destinés à la Chine.

[En 2007, *ZTE* obtint la création de la plus grande palmeraie au monde : 3 millions d'hectares et un investissement de 1 milliard USD. Kinshasa avait promis toutes les terres qui seraient nécessaires à une implantation pérenne[9]. La filiale *ZTE Agrobusiness Congo Sprl* envisagea de construire des raffineries dans les régions palmicoles de l'Équateur, du Bandundu, de la Province orientale, dans une partie du Kasaï Occidental, et dans le Bas-Congo. Elle créerait 100.000 emplois congolais, et, environ, 200.000 pour des Chinois[10]. Le rendement serait de 5 tonnes à l'hectare, contre la moyenne déjà exceptionnelle de 1,9 tonne en Malaisie ! *ZTE Agrobusiness Congo Sprl* voulait produire 5 millions de tonnes d'huile de palme par an dont 90 % seraient convertis en biocarburants destinés à la Chine. Le solde de 500.000 tonnes d'huile serait aussi exporté vers la

---

[7] Loi 14/022 du 7 juillet 2014 : régime *Zones économiques spéciales (ZES)*. Décret n° 20/004 du 5 mars 2020 : avantages et facilités pour les opérateurs.

[8] Julien Paluku, ministre de l'Industrie, sur RFI.fr, le 20.11.2020.

[9] Une loi agricole de 2011 impose aux étrangers d'intégrer dans leurs entreprises des associés congolais ayant la majorité du capital.

[10] On compte un travailleur pour dix hectares de palmiers en terrain plat, et six hectares par ouvrier, en terrain difficile.

Chine[11]. Ainsi, les Chinois étaient bien décidés à investir au Congo ; de A à Z ! Mais pour la Chine !]

Les infrastructures étaient dans le viseur des Chinois. Ils furent les premiers à proposer, en 2001, le *troc* d'ouvrages contre un paiement de 70 % en « prestation en nature ».[12]

CDB fit son entrée en 2002 avec un protocole de financement de projets de développement. Chose extraordinaire, aucun montant ne fut dévoilé[13].

Chose plus extraordinaire, l'accord fut signé le 11 octobre 2002. Comme si la date était fétiche, *CDB* débarqua à nouveau, et sans dévoiler de montant, le 11 octobre 2007…

C'était au lendemain du *17 Septembre*. Mais il n'y eut ni accueil *VIP* ni tapis rouge. Pékin et Kinshasa se firent discrètes, malgré des raisons de claironner et de pavoiser.

En effet, le contrat du *11 octobre 2007* apporta une enveloppe de 10 milliards USD de financements ![14]

Ce fut incontestablement un autre *contrat du siècle*. Le deuxième en l'espace d'un mois. En additionnant les deux accords, la Chine avait apporté 20 milliards !

Mais on n'en parla pas. Alors qu'il se menait une propagande tonitruante et triomphaliste de l'axe Chine-Congo.

Ce mutisme était une anomalie. Une de plus… La *théorie des exoplanètes* invitait à rechercher la vérité dans les autres anomalies, qui pourraient survenir. À suivre !

Quelques semaines auparavant, le *17 Septembre* avait fait craindre aux *PTF* que la Chine ne creuse une nouvelle tombe pour les finances congolaises au moment de la remise à zéro des compteurs grâce à l'effacement de la dette.

Dans un tel contexte, les 11 milliards de *CDB* auraient provoqué des tensions extrêmes. Mais cela ne justifiait pas que

---

[11] M. Yabili, *Le Géant*,op.cit.

[12] M. Yabili, *Chronique*. Op.cit. Office des routes avec la société étatique *China Yuanwang Group Corporation (CYC).*

[13] Marchés Tropicaux et Méditérranéens, 2007.

[14] Chiffre obtenu indirectement et sans support de documents restés cachés.

le *11 Octobre* reste totalement secret[15]. Une nouvelle anomalie, dans un État doté d'un parlement élu. Une de plus.

CDB était entrée dans la bergerie congolaise, depuis que *Boss* avait vendu la mèche aux seuls Chinois, en 2006. La banque avait négocié discrètement pour des infrastructures, avant *Eximbank.*[16] En 2007, le président de *CDB* vint à Kinshasa pour arracher le gros lot, mais il en repartit furieux parce qu'il n'avait pas pu rencontrer *Boss (B)*[17].

Après le *11 Octobre*, *CDB* revint négocier, chaque année.

Le protocole de 2007 et un contrat du 30 août 2008 portèrent aussi sur des travaux en BOT.

CDB offrit de financer la société de crédit-bail *SINOSURE* pour l'exploitation de chrome et de nickel de la *Miba*, avant de jeter l'éponge à la suite de la chute des cours du métal.

En 2007, *CDB* traita de « projets chinois de développement en RDC ». En 2008, de « plan stratégique chinois pour le développement de la RDC » et d'un vaste programme dans les infrastructures, mines, agriculture, énergie, santé… sans le moindre début de réalisation. En 2010, de « Plan global chinois de développement de la RDC ». En 2011, d'« accord-cadre de coopération, gagnant-gagnant ».

En 2009, *CDB* envisagea de financer *SINOSURE* pour la construction de 4 universités et la rénovation de l'aéroport de Nd'jili et de la route vers la ville qui auraient été réalisées par la *Changda Highway Engineering Corporation*[18].

On apprit, par bribes, que *CDB* avait aussi obtenu un *troc* en minerais provenant de *Gécamines.* On lui aurait promis les gisements de cuivre et de cobalt à *Potopoto*. Mais *CDB* jugea ces ressources insuffisantes. Qu'à cela ne tienne ! On

---

[15] Aucune copie n'a jamais pu être obtenue par l'auteur ou les autres chercheurs.
[16] D.G. Landry, *The risks and rewards of Resource-for-Infrastructure deals: Lessons from Congo's Sicomines Agreement,* Africa Research Initiative, 2018
[17] Katumba op.cit. p 195.
[18] Africa-Asia Confidential.

lui promit, en plus, des hydrocarbures et « d'autres ressources naturelles ». Etc.

Par cinq fois, de 2007 à 2011, Kinshasa annoncera que *CDB* établirait le « Plan de Développement du Congo».

[Tout en gardant un secret absolu sur le dossier, Kinshasa affirma publiquement que « le pays a besoin d'une espèce de *Plan Marshall* en vue de sa reconstruction. Avec la *CDB*, les capitaux chinois peuvent contribuer à développer les secteurs sociaux de base, notamment, l'éducation, l'agriculture, le transport et la production de biens et de services[19].]

C'était troublant : l'*État parallèle* se vantait d'avoir donné *carte blanche* aux Chinois de *CDB* pour déterminer, à leur gré, à leur rythme, et à partir de Pékin, l'avenir du Congo. Et tout cela dans l'opacité la plus totale.

Cette nouvelle anomalie, soumise à la *théorie des exoplanètes*, indique qu'il existait une *main noire* dans les deux contrats du 17 septembre et du 11 octobre 2007.

Était-ce la même main ?

C'est *Machi* qui répondit à cette interrogation[20] :

« *Tiq* nous aide à nous connecter à *China Development Bank* ».

Après « *Septembre* », l'ombre de *La Tique (Tiq)* planait sur « *Octobre* » !

C'était le troisième jeu. Y'avait-il place pour un autre jeu ?

Qui serait un quatrième jeu…

Avec ou sans *La Tique* ?

À suivre !

---

[19] http://congo2000.co/Actualite-et-Medias/Cinq-Chantiers-toujours-EN-MARCHE/Page-28

[20] Katumba, *Ma Vérité*, op. cit.

ENTRE UN AMI ET UN PAYS, LE CHOIX EST CLAIR

Le quatrième jeu

L'Histoire n'est jamais linéaire. Selon la théorie de *l'entropie*, tout peut arriver. Des désordres d'aujourd'hui pourrait naître l'ordre de demain !

C'est ce qui arriva avec l'irruption à la *Maison Blanche* de Donald Trump, en 2017. Un dirigeant atypique, hautain et résolument *politiquement incorrect*. Il n'a pas seulement attribué à Israël la souveraineté sur le plateau syrien du Golan. Un jour, il renonça à ses tweets, pinça ses larges lèvres et, secouant sa crinière rousse, il prit des sanctions[1] contre l'israélite orthodoxe, *Tique*, et ses « activités minières et pétrolières, et de corruption au Congo »[2].

[Mais avec le Congo, il semble bien que « les désordres d'aujourd'hui pourraient produire des désordres de demain ! » Interrogé sur les sanctions contre *Tique*, le nouveau dirigeant congolais répondra : « Dan Gertler est en RDC où je l'ai rencontré… je ne juge pas les sanctions américaines, car je ne sais pas pourquoi elles ont été décrétées. Mais je n'ai jamais entendu nos amis américains nous dire que Dan Gertler est tellement mauvais qu'il ne doit pas faire d'affaires en RDC ! »[3]

En 2011, le député britannique Éric Joyce[4] dénonça la vente systématique « des biens miniers congolais, à des prix inférieurs à leur valeur, à des sociétés fictives basées dans les îles Vierges britanniques et dont les véritables propriétaires sont inconnus, de sorte que le peuple congolais ne bénéficie pas des immenses ressources minérales du pays ». Les pertes furent évaluées à 5,526 milliards.

[Autant que le *contrat du siècle* ou le pillage reproché à *Vieux* par le panel de l'ONU. *Tiq* jouait dans la cour des grands !]

[1] https://home.treasury.gov/news/press-releases/sm0243.

[2] Sanctions suspendues par Trump, puis rétablies sous Biden.

[3] « *J'ai trop de travail et pas de temps à perdre avec des règlements de comptes* », LeMondeAfrique, 22 septembre 2019.

[4] ericjoycemp@gmail.com.

Par *anomalie*, le bradage des ressources naturelles fut relancé dans le cadre de la « revisitation » des contrats. Le processus devait y mettre fin ! Mais le réexamen donna lieu à des marchandages âpres et violents et à des représailles contre les réfractaires. Ce fut le cas de *Kingamyambo Musonoi Tailings (KMT),* regorgeant de rejets miniers et pilotée par la canadienne *First Quantum Minerals (FQM).*

En août 2009, le projet *KMT* fut annulé. Par une *anomalie* ! Pour la première fois dans les annales judiciaires du Congo, le Parquet prit à la place du tribunal un *jugement*[5] qui anéantit les titres miniers de *KMT* et les remit à *Gécamines.*

En réaction, *KMT* réagit en s'adressant à la justice congolaise, avant de se raviser et de partir en arbitrage international. Voyant cette rétractation, le tribunal de Kinshasa se déclara *dérangé*[6], et condamna *KMT* à 13 milliards USD de dédommagements ! L'équivalent de 70 % du PIB du pays !

Cette condamnation donna le feu vert pour saisir tous les biens de l'entreprise qui ne pourrait jamais payer les 13 milliards. Sans sourciller, on désigna, comme liquidateur, un lieutenant de *Machi*[7]. Etc. Ce fut la plus vaste expropriation de l'histoire congolaise !

De son côté, *Gécamines* se précipita pour vendre de gré à gré les titres miniers de *KMT* à un offshore des Îles Vierges Britanniques, la *Highwind Properties Ltd.* Le prix fut de seulement 60 millions USD[8]. Et *GCM* subit, sans un gémissement, une perte de 2,6 milliards.

La dépossession de *KMT* et la revente au rabais bénéficièrent à la société mère de *Highwind.* L'acheteur était un fiduciaire appartenant à la famille de *La Tique*.

---

[5] Pour des « raisons d'ordre public », selon une loi, détournée, de Léopold II…
[6] Action en justice, dite « téméraire et vexatoire ».
[7] Éric Monga ; cité et qualifié comme tel dans *Ma vérité*, op.cit.
[8] Le député britannique Éric Joyce cite *Numis Securities* selon laquelle la juste valeur marchande de la participation de *FQM* est de 2,498 milliards USD avec une juste valeur acquise par *Highwind* de 2,69 milliards USD.

Néanmoins, le dossier déborda le microcosme congolais. Le Canada prit la défense de *FQM* [9] qui était enregistrée à la Bourse de Toronto. De son côté, la *Banque Mondiale* fut impliquée par son agence, la *Société Financière Internationale (IFC)*, qui détenait 10 % du capital de *KMT*.

C'est ainsi que la même *fratrie,* à l'origine, méconnue, du *contrat du siècle,* retarda, en amont, l'aboutissement de l'*iPPTE* et de *iADM*. En aval, *Machi* et *La Tique* suscitèrent l'imbroglio de *KMT* qui pouvait bloquer, à nouveau, le fameux *point d'achèvement*. Ce fut le quatrième jeu !

Qu'on s'en souvienne dans 50 ans !

Lorsque Dominique Strauss-Khan vint en mai 2009 à Kinshasa, ce fut au lendemain du renforcement du pouvoir de *Boss (B)*. L'ivresse du *contrat du siècle* avait exacerbé un triomphalisme arrogant.

[En 2009, le président de l'Assemblée nationale démissionna[10] suite à l'invitation des troupes rwandaises à opérer aux Kivus, avec une présence permanente[11].
Le 2 juin 2010, l'activiste des Droits Humains, Floribert Chebeya, fut assassiné par des proches du chef de la Police qui reçurent une prime de 50 dollars[12]. De manière *anormale*, les pièces à conviction furent remises à la Présidence, entre les mains du ministre qui avait signé le *contrat du siècle* et qui avait été promu conseiller spécial en matière de sécurité…
Le même mois, le Haut-commissariat des Nations Unies aux Droits de l'Homme réalisa la cartographie (*mapping*) des « violations les plus graves des droits de l'homme et du droit international humanitaire commises entre mars 1993 et juin 2003

---

[9] Idem pour *Lundin Mining,* impliquée dans *Tenke Fungurume Mining.*
[10] Le 25 mars 2009.
[11] En 2013, lors de la rébellion tutsie du M23, Kigali retira publiquement 357 soldats. Ils portaient des uniformes congolais !
[12] Aveux judicaires, octobre 2021.

en RDC », accusant le Rwanda de génocide[13]. Kagame fut blanchi par Kinshasa qui l'invita et le fit acclamer par la foule.]
Le 30 juin 2010 commémorait les 50 ans de l'indépendance du Congo. Ce fut, sans conteste, une date symbolique pour faire aboutir l'*iPPTE et* l'*iADM.* Mais le dossier *KMT/FQM* y faisait obstacle en dévoilant l'insécurité juridique et judiciaire des investissements en cours dans le pays !

Les argentiers de Washington relancèrent *Boss.*

« Le 24 juin, une lettre de la *Banque Mondiale* demanda, en marge du dossier *KMT/FQM* un « signal fort et positif » pour poursuivre les réformes clés. Elle enjoignit *Boss* de garantir, par écrit, une politique de bonne gouvernance impliquant transparence, liberté d'entreprise et sécurité juridique. La réponse de la RD Congo était attendue pour le 28 juin à l'ouverture des bureaux à Washington. Ce serait la veille d'une réunion cruciale du Conseil d'administration de la *BM* consacrée au fameux *point d'achèvement* de l'*iPPTE* qui devait autoriser l'effacement de 10,9 milliards USD de dette congolaise sur une ardoise de 13,6 milliards. »
« Le même 24 juin, Strauss-Kahn du *FMI* téléphona à *Boss.* »[14]
Mais *Boss* trancha :
« Nous avons tout fait. Nous avons rempli toutes les conditions. Et on nous invite à nous plier ? Ce sera non ! ». Il poursuivit :
« Ou nous sommes un État, ou nous n'en sommes pas un.
Moi, j'ai prêté serment devant la Nation, et j'assumerai mes responsabilités jusqu'au bout. Cette lettre c'est du chantage pur et simple. Il y a un problème entre l'État que nous sommes et une entreprise privée. Cette entreprise nous a assignés en justice, selon le droit congolais. Elle a perdu ; elle est

[13] Un extrait : « la nature systématique, méthodique et préméditée des attaques dans chaque localité et sur une très vaste étendue du pays, l'ampleur des crimes et le nombre important de victimes, probablement plusieurs dizaines de milliers, l'usage extensif d'armes blanches et les massacres systématiques de survivants, pourraient être qualifiés de génocide ».
[14] Récit in *LeSoftonline,* 5.7.2010 http://www.lesoftonline.net/phil.php?id=1447

allée en arbitrage. Est-ce une raison qu'on nous fasse du chantage ? La "dignité" n'a pas de prix… Je préfère qu'on n'atteigne pas *le point d'achèvement*… Je ne braderai pas la "dignité" de notre Peuple parce qu'il faut *le point d'achèvement*. Donc, je n'écrirai pas cette lettre. Le Peuple congolais ne mérite pas qu'il soit traîné dans la boue… Et à la veille du Cinquantenaire de l'indépendance[15], on demande au Chef de l'État de trahir son peuple ! Je ne l'ai jamais fait ; je ne le ferai pas. Le Congo préfère garder sa "dignité" ! »

Un proche de *Boss* avait, dans le passé, été obligé de démissionner pour une indélicatesse financière de l'*État parallèle*[16]. C'est lui qui dévoila les propos de *Boss* pour que « dans 50 ans, nos enfants sachent ce que fut ce dirigeant ! »

[Pour tout observateur, la vraie "dignité" n'aurait jamais permis le bradage des ressources naturelles, que la constitution congolaise qualifie de pillage et de haute trahison. La "dignité" du peuple se trouvait dans le leadership, la bonne gouvernance et les processus de réduction de la pauvreté ![17]]

Dire « je préfère ne pas atteindre *le point d'achèvement* ! » constituait à choisir entre la reconstruction durable du pays et l'affairisme avec *La Tique*, sur le dos de *FQM*.

Au moment de leurs réactions de juin 2010, le Canada, la *BM* et le *FMI* ne connaissaient que le seul dossier *KMT*.

Mais la RD Congo avait franchi d'autres lignes rouges.

Le conflit *KMT* s'envenima en février 2010. Le ministre des Mines promit de rendre la vie difficile à *First Quantum Minerals (FQM)* si elle ne retirait pas sa plainte qui se trouvait en arbitrage international à Paris.

En représailles, les titres miniers de *Comisa* et *Frontier,* deux autres filiales de *FQM,* furent annulés, en mai 2010.

---

15 Commémoration le 30 juin 2010

16 Évariste Boshab ; commission sur factures d'électricité SNEL à Brazzaville.

17 Il s'avérera, en 2016, que l'affaire *KMT* fut ourdie par le fonds d'investissement *OCH-ZIFF* qui avait corrompu le même dirigeant, fier de sa « dignité ».

Le procédé utilisé fut encore une *anomalie*, incroyable ! Mais bonne pour la *théorie des exoplanètes*. Les sociétés *Comisa* et *Frontier* avaient obtenu d'anciennes concessions minières de l'entreprise étatique *Sodimico*. Leurs droits avaient été scellés et publiés au journal officiel. Mais *Sodimico* attaqua en justice son propriétaire et patron, l'État congolais, lui reprochant de l'avoir dépossédée et exigeant la restitution des mines déjà mises en valeur et exploitées.

On appliqua le scénario de *GCM* avec *KMT*. *Sodimico* récupéra les titres miniers et les revendit aussitôt à des offshores : *Fortune Ahead Limited* (à Hong Kong), *Sandro Resources Limited* et *Garetto Holdings* (aux Îles Vierges Britanniques). Au même prix insignifiant de seulement 60 millions. Soit une perte sèche de 1,916 milliard USD ![18]

La Tique était derrière les offshores[19] qui avaient racheté, à vils prix, les possessions de *FQM*. Il les revendit au prix fort aux Kazakhs d'*Eurasian Natural Resources (ENRC).*

Cet affairisme se terminera de manière honteuse. Les Kazakhs d'*ENRC* décideront d'indemniser à l'amiable *FQM* en payant 1,25 milliard USD pour la perte de *KMT, Comisa* et *Frontier,* ainsi que pour les autres biens expropriés. Ce fut là une marque de « dignité » d'étrangers à l'étranger.

Lorsque *Boss* réagit avec la « dignité » congolaise, la *BM* et le *FMI* ne savaient pas que le quatrième jeu avec *KMT* avait été étendu à *Comisa* et à *Frontier*. Il avait protégé les intérêts, non pas du pays, mais de *Tique*, un ami.

Dans cinquante ans, on se souviendra que *Boss* n'était pas le dictateur Mobutu, pour qui « entre un frère et un ami, le choix est clair ! »[20]. Les enfants congolais devront-ils se souvenir qu'« entre un ami et un pays, le choix est clair » ?

---

[18] Selon le député britannique, Éric Joyce, se fondant sur la valeur marchande de *Lonshi* et *Frontier* calculée par *Numis Securities*.

[19] Global Witness, 12.06.2012.

[20] Mobutu, préférant les Arabes lors de la rupture avec l'*ami* Israël, en 1973.

UNE DEUXIÈME « NOUVELLE INDÉPENDANCE »

L'exception congolaise

Kinshasa n'avait pas répondu aux sollicitations de la *Banque Mondiale* et du *Fonds Monétaire International*. Le « niet » n'était pas un simple écho à l'*État parallèle*, ni un caprice de gamin gâté qui casse des jouets ; c'était aussi le « credo » des *décolonialistes*[1] qui s'opposaient au *point d'achèvement*, parce que les dettes avaient été héritées de Mobutu !

[Selon Alexander Sack[2], si un pouvoir dictatorial contracte une dette pour fortifier son régime ou pour réprimer sa population, sa dette est une *dette odieuse*, une dette de régime ; par conséquent, elle tombe avec la chute du régime. Ces *dettes odieuses* sont frappées de nullité…]

Pour ces activistes, il n'y a pas de compromis possible :

« La *Banque Mondiale* doit rendre compte de ses actes à la justice ! »

Mais où était la faute ? Les rapports[3] sur les *iPPTE* et *iADM* documentent la dette congolaise. Rien qu'au niveau de la *BM*, la *loan list* de 1951 à 2017 a 364 interventions. Mais pour les *décolonialistes,* il ne fallait pas les lire ces documents ni les rapporter ! Eux, ils avaient tout dit :

« La dette congolaise avait été héritée de la colonisation belge ! Dans les années 1950, la *Banque Mondiale* avait prêté 120 millions USD à la Belgique, pour financer des projets au Congo belge… C'était pour mieux exploiter la colonie ; par la suite, ces prêts sont devenus une obligation du Congo indépendant… En 1997, la dette avait atteint 12 milliards USD… »

---

[1] *CADTM (Comité pour l'annulation de la dette du Tiers monde,* rebaptisé en *Comité pour l'Abolition des Dettes illégiTiMes).*

[2] Alexander-Nahum Sack, professeur de droit à Paris, *Traité juridique*, 1927.

[3] *IMF Country Report Nr 10/360, Document du point d'achèvement de l'Initiative renforcée en faveur des pays pauvres très endettés et Initiative d'allégement de la dette multilatérale RDC,* 14 décembre 2010.

Peu leur importait de savoir que l'encours de la dette du Congo n'avait pas de rapport financier ou qualitatif avec l'ère coloniale.

[L'endettement de la Colonie concernait un plan décennal ; il avait été accordé par la *BIRD*[4], l'agence de la *BM* qui finance les territoires semi-développés et « à revenus intermédiaires et solvables ». Mais, depuis 1969, le Congo emprunte à l'*IDA*[5], l'agence qui s'occupe des pays pauvres. Comme quoi, l'accession à l'indépendance a connu une baisse dans le niveau de développement du pays.]

Pour les activistes, la *BM* et le *FMI* étaient coupables d'impérialisme :

« Pour avoir accès au pactole des créanciers, l'État emprunteur est soumis à des politiques de "redressement" économique et à des conditions n'allant pas dans le sens du bien des peuples. Emprunter est une manière détournée de céder la souveraineté du pays à des banques. »

Leur conclusion n'aurait pas déplu à Kinshasa :

« Les Congolais endettés peuvent souffrir, pendant que les multinationales, alliées des institutions bancaires internationales, se régalent ! »

Ils avaient totalement oublié le radicalisme des créanciers et l'arrogance du Premier ministre français, Raymond Barre, qui osa dire que « réduire la dette des pays africains porterait atteinte à leur sens de *dignité* »[6].
Ils avaient surtout oublié la part de responsabilité des Africains dans la mégestion directe et indirecte des emprunts et des finances publiques.

Voilà qu'en 2010, Kinshasa dit *niet*. Mais… à quelle proposition ?

---

[4] *Banque internationale pour la reconstruction et le développement.*
[5] *Association internationale de développement.*
[6] Source non retraçable.

La *BM* et le *FMI* voulaient libérer les dossiers *iPPTE* et *iADM* sans attendre de réelles satisfactions. Les deux institutions envisageaient d'accorder au Congo le « bénéfice du doute ». Le « prix » était d'exprimer de la volonté politique *générale*, sans lien avec le litige *KMT/FQM*. Ils échangeraient l'effacement de milliards contre de simples mots ! Sans un kilo de minerai, comme Pékin. Ils respecteraient le Congo et lui feraient confiance en échangeant des poignées de mains…

Est-ce que cela constituait une atteinte à la dignité ? Ou de l'impérialisme ? Toujours est-il que Kinshasa n'avait pas répondu à cette sollicitation. Comment réagiraient la *BM* et le *FMI* ?

Les deux argentiers n'étaient pas seulement des « vieux loups », qu'il est habituel de décrier. C'étaient de véritables « vieux singes » à qui l'on n'apprendrait pas à « faire des grimaces ». Surtout pas au Congo : « un pays à part », « un pays qui n'a pas fini de marcher sur la tête ! »[7]

On affirme habituellement qu'« à toute règle, il y a une exception ».

Effectivement, il existe une *exception congolaise*.

[Le 25 février 2014, le président soudanais Al-Bashir[8] se rendit à Kinshasa pour le sommet des chefs d'État et de gouvernement du *Marché commun de l'Afrique orientale et australe (COMESA)*. La *Cour Pénale internationale (CPI)* demanda à la RD Congo de procéder à son arrestation. Cela, sous peine de sanctions. En vain. Il n'y eut pas de représailles contre Kinshasa. L'année suivante, Al-Bashir se rendit en Afrique du Sud ; la *CPI* demanda son arrestation au président Jacob Zuma qui haussa aussi les épaules. Mais le 6 juillet 2017, la *CPI* condamna l'Afrique du Sud pour n'avoir pas respecté ses obligations de procéder à l'arrestation et de remettre Al-Bashir à la Cour, alors qu'il se trouvait sur le territoire sud-africain

---

[7] Tous droits réservés pour cette expression.

[8] Renversé en 2019.

entre le 13 et le 15 juin 2015[9]! Bref, la même faute ne fut pas congolaise !]

Déjà, en 2005, le Belge Karel de Gucht avait indiqué que les intérêts économiques et financiers n'étaient pas la priorité dans les relations avec Kinshasa. Il précisa que son opinion n'était pas isolée de celle des autres puissances *avec une feuille de papier de cigarette*.

Déjà, en 2006, le monde entier n'avait pas réagi au bombardement des diplomates dans la résidence de Bemba. Ni aux prétendues déclarations sur la bombe nucléaire, en 2007.

Il semble bien que les erreurs, les défaillances et les dérobades épargnaient à Kinshasa d'être traitée comme les autres. Les *Partenaires Techniques et Financiers (PTF)*, tour à tour étonnés et agacés, puis submergés de lassitude et d'exaspération, finissaient par tourner la page. Parce qu'il faut bien avancer… Par dépit ou par sagesse.

[La sagesse n'est pas cotée en bourse, mais elle finit par payer…]

Certes, fin juin 2010, le *FMI* et la *BM* furent déçus par l'inconstance de Kinshasa. Mais ces organismes comptent l'argent en liasses de milliards USD ! Les créances sur la RD Congo pesaient un *poids plume* et ne valaient pas que l'on torpille un processus commencé en 2003, ni qu'on pénalise le pays et ses populations. D'ailleurs, les interventions de la *BM*, au cours de la même période, se comptaient en milliards et elles furent essentiellement gracieuses[10].

Les deux institutions étaient devant un dilemme qui n'en était pas un.

---

[9] Toutefois, la CPI n'estimera pas nécessaire d'envoyer l'Afrique du Sud pour être jugée par l'Assemblée des États-parties ou par le Conseil de Sécurité des Nations Unies.

[10] Notamment : 0,5 milliard USD de l'Union Européenne pour le processus électoral et 3,4 milliards en dons non remboursables de la *BM*.

D'un côté, bloquer Kinshasa pour la bagatelle de 13 milliards USD, qui, de surcroît, ne seraient jamais payés, aurait été un acte de *néo-impérialisme* par omission.
D'un autre côté, faire aboutir le processus, malgré la dérobade de Kinshasa, rapporterait des dividendes en termes d'image et allégerait les accusations d'impérialisme dont se gargarisaient les *décolonialistes.*
Conclusion : Kinshasa pouvait bien triompher, aux frais et dépens de la communauté internationale. Sans avoir jamais lu ni compris Tite-Live :

« Tu sais vaincre Hannibal, mais tu ne sais pas tirer profit de la victoire ! »

L'autre « deuxième Indépendance »

Les grandes rencontres internationales se terminent par des communiqués dont les termes sont convenus à l'avance. Sauf événements imprévus et exceptionnels, les journalistes accrédités reçoivent à l'avance les textes des discours qui sont radiotélévisés en direct, pour pouvoir les traduire instantanément et les commenter aussitôt ; ils peuvent relever ce que l'orateur a omis ou ajouté et émettre des analyses brillantes.

En 2010, tout portait à croire qu'il en serait de même pour l'*iPPTE* et l'*iADM* de la RD Congo. Les procédures traînaient depuis sept ans. Kinshasa connaissait bien la décision qui serait prise à Washington et qu'on annoncerait au Congo avec toute la solennité du 30 juin… Dans ce contexte, la déclaration écrite qui aurait été adressée à la *Banque Mondiale (BM)* pour le 28 juin avait la portée d'une « lettre de courtoisie » pour embellir le lendemain des sommets du G8 et du G20 de Toronto, au Canada[11]. Malheureusement, faute d'avoir reçu la lettre de Kinshasa, la réunion

[11] Le Canada avait apporté le dossier *FQM*, le 25 février, au *Club de Paris* et, les 26 et 27 juin, aux 36e sommet du *G8* et 4e sommet du *G20* à Toronto.

de la *BM* du 29 juin « décida de ne rien décider » ! Le lendemain, 30 juin, le *Fonds Monétaire International (FMI)* se réunit à son tour, mais, coup de théâtre, il prit position sur le dossier. De ce fait, la *BM* se vit obligée de se réunir à nouveau, le 1er juillet 2010.

Pendant ce temps, Kinshasa était dans une attente de nouvelles, inconnue de deux rois, 11 présidents et 30 représentants de chefs d'État qui étaient accourus pour célébrer les 50 ans de l'indépendance du pays. *Boss*, prisonnier du secret, était si agité qu'il changea totalement de *look*. Depuis deux ans, il arborait une chevelure fournie et une barbichette teintée de blanc pour donner à ses 39 ans l'apparence de vieux sage. Subitement, il se rasa le crâne et le menton[12].

Dans son discours solennel de commémoration, il affirma vaguement que « lentement, mais sûrement, le Congo se redresse » !

Mais il ne cita ni les *PTF*, ni même la Chine.

« Le même 30 juin, la Chine parla du Congo, mais entre les dents d'un sourire jaune en 37 secondes à la télé ! *L'exposition universelle de Shanghai* célébrait la « journée nationale de la RDC », la plus sobre du pavillon africain. On y exhibait trois sachets de savon *Omo* et trois *Yambo*, deux pots de margarine *Blue Band*, deux sachets de café robusta et quelques bouteilles vides de bières *Skol, Primus et Turbo King* ![13] »

Soudain, quatre jours après,[14] *Boss* fit un discours spécial et solennel :

« Le 30 juin 2010 restera à jamais gravé en lettres d'or dans nos mémoires. Le 1er juillet 2010 devrait l'être tout autant.

[12] Ayant dépassé son deuxième mandat, il portera à nouveau une chevelure et une barbichette teintée de blanc qu'il rasera subitement le 24 janvier 2019 lors du départ du pouvoir.
[13] Erik Bruyland ; idem dans *Cobalt Blues*, op.cit.
[14] Le 4 juillet 2010, discours à la Nation.

Je vous annonce solennellement qu'à l'issue de leurs réunions, le Conseil d'Administration du *Fonds Monétaire International* et celui de la *Banque Mondiale* ont prononcé l'admission de notre pays au Point d'Achèvement de l'initiative PPTE. La dette extérieure de notre pays, estimée à 13,7 milliards USD vient d'être annulée à 90 %. C'est manifestement une grande victoire pour le peuple congolais. »

En effet, le 1er juillet, fut émis, à Washington, le communiqué de presse n° 10/274 intitulé : « Le *FMI* et la *BM* annoncent un allègement de la dette de 12,3 milliards USD[15] en faveur de la RD Congo » :

« Les deux institutions ont établi que le pays a appliqué les mesures requises pour atteindre *le point d'achèvement*, stade auquel l'allègement de la dette au titre de l'*initiative PPTE* et de *l'initiative d'allègement de la dette multilatérale*[16] devient irrévocable. Parmi ces mesures figurent la mise en œuvre de la stratégie nationale pour la réduction de la pauvreté et pour la croissance, le maintien de la stabilité macroéconomique, l'amélioration de la gestion des dépenses et de la dette publiques, ainsi que l'amélioration de la gouvernance et de la prestation des services dans des secteurs sociaux importants, tels que la santé, l'éducation et le développement rural. »

Le communiqué donna la parole aux deux fonctionnaires internationaux qui avaient été délégués auprès de Kinshasa.

Brian Ames du *FMI* parla « des progrès considérables de ces dernières années pour consolider la stabilité

[15] 11,1 milliards sous l'*iPPTE* et 1,2 milliard sous l'*iADM*.

[16] L'objectif de l'*initiative d'allègement de la dette multilatérale* (*iADM*), créée en 2005, est de réduire la dette des pays à faible revenu admissibles et de leur fournir des ressources supplémentaires pour les aider à atteindre les *Objectifs du Millénaire pour le Développement* (*OMD*). Dans le cadre de l'*iADM*, trois institutions multilatérales (*Association internationale de développement* de la *Banque mondiale*, *Fonds monétaire international* et *Fonds africain de développement*) accordent un allègement de 100 % de la dette admissible aux pays ayant rempli les conditions et atteint le point d'achèvement de l'*iPPTE*. www.imf.org/fr/News/Articles/2015/09/14/01/49/pr10274

macroéconomique, s'attaquer aux insuffisances de la gestion des finances publiques et de la gouvernance économique, et réformer les secteurs sociaux. Ils sont un point de départ solide pour faire avancer le programme de développement du pays ».

Marie-Françoise Marie-Nelly, directrice des opérations pour la RDC à la *Banque mondiale,* déclara que c'était « un tournant dans l'histoire depuis longtemps difficile de la RDC. À l'avenir, il sera essentiel de renforcer l'état de droit, ainsi que d'améliorer la gouvernance, en particulier dans les secteurs du pétrole et des mines, et le climat des affaires pour que les citoyens congolais les plus vulnérables en profitent ».

Les conditions et les modalités, formulées par les deux fonctionnaires, furent approuvées sans équivoque dans le discours de *Boss* :

« La capacité d'endettement retrouvée ne devrait, en aucune manière, être comprise comme une licence à s'endetter à nouveau de manière inconsidérée… Quant à la négociation de nouveaux prêts, elle devra, dans tous les cas, constituer une solution de dernier recours… À bien considérer, notre pays dispose de suffisamment de ressources qui devraient le dispenser de devoir absolument s'endetter pour son développement. »

Mais, mauvais joueurs, les *décolonialistes* ne désarmèrent pas :

« Toute la dette congolaise n'a pas été effacée. En fait, les bailleurs de fonds occidentaux ont récompensé le gouvernement congolais pour sa relative docilité. L'allègement de la dette profite d'abord aux entreprises transnationales et aux créanciers occidentaux. La dette congolaise risque d'exploser à court et moyen terme. Etc. »[17]

---

[17] Pessimisme démenti par les faits. La RDC deviendra un des pays les moins endettés.

Ils furent contredits par *Boss,* pour qui « la remise de la dette est importante, car elle permet d'assainir les comptes publics, rétablit la capacité d'endettement du pays, et rouvre les portes des marchés financiers »[18].

Il s'était passé quelque chose. Et il se passa des choses. Comme des eaux retenues par un barrage, soudain libérées, tout s'accéléra.

En septembre, l'Espagne annula 224 millions EUR de la dette congolaise, suivant un accord signé en mars 2010 par le Club de Paris.[19]

Johanna Jansson[20] relata la suite de ces événements :

« Le 17 novembre 2010, le *Club de Paris*[21] effaça 7,35 milliards de la dette congolaise, en gardant 200 millions USD que la RDC devrait payer. L'effacement de la dette était un objectif politique de grande importance pour la RDC et il fut perçu comme la rupture historique avec la faillite de gouvernance du pays. »

« Les créanciers du Club de Paris ont toutefois fait part de "leur préoccupation à propos du climat des affaires et ont demandé à la RDC de procéder à de nouvelles réformes pour améliorer encore la gouvernance, la primauté du droit et la lutte contre la corruption". Ils ont noté que le pays veut améliorer "la gouvernance et le climat des affaires", réduire la pauvreté et mettre en place un programme économique ambitieux. »[22]

Pendant trois ans, on avait pensé que l'avenir du Congo reposait sur le *contrat du siècle* et les Chinois ! On avait

[18] Discours sur l'État de la nation du 8 décembre 2010.
[19] AFP, Paris, 18 novembre 2010.
[20] © granted – Johanna Jansson (Malm), *The Sicomines Agreement, op.cit.*
[21] Qui compte 19 membres permanents, dont les États-Unis, une douzaine de pays européens, la Russie et le Japon, auxquels s'était joint le Brésil.
[22] AFP, Paris, 18 novembre 2010.

même conclu que c'était le véhicule *vers la deuxième indé - pendance du Congo*[23].

[À tort. Le contrat était abusif, et mort après deux années.] À la suite des arrangements avec les institutions financières et les créanciers, Johanna Jansson constata qu'on avait « perçu qu'on avait apporté *la deuxième indépendance* à la RD Congo ! »

C'est ainsi que les *Occidentaux,* dont faisait partie Pékin[24], apportèrent au Congo de véritables atouts de souveraineté.

L'événement fut historique.

Il soulève des interrogations.

Est-ce que le Congo était sorti du cycle d'anomalies et d' autres vérités cachées que révèlerait la *théorie des exo-planètes* ?

Est-ce que cette deuxième indépendance , attachée au même territoire qui fut, jadis, assujetti à Léopold II, allait servir la souveraineté du peuple, qui incarne la véritable indépen- dance et qui s'exerce par la jouissance des Droits Humains et des richesses naturelles ?

Une deuxième indépendance avait largement ouvert les portes du Paradis !

Est-ce que les portes de l'Enfer avaient été bien refermées?

Le Dragon chinois et l'*État parallèle* congolais n'avaient-ils pas plusieurs têtes qui pourraient repousser ?

De nouvelles anomalies pouvaient-elles se répéter et révéler des « vérités », selon la *Théorie des exoplanètes* ?

Aucun détail ne devrait manquer ! À la prochaine saison…

---

[23] Colette Braeckman, op.cit.

[24] Pékin est un des 186 actionnaires de la *Banque Mondiale (BM).* Entre 2008 et 2012, le Chinois Lin Yifu fut premier vice-président de la *BM.* Un autre Chinois, Shaolin Yang, fut « Managing Director and World Bank Group Chief Administrative Officer ». Etc.

BIBLIOGRAPHIE

Asadho, *Rapport sur les violations des droits de l'homme commises à Kilwa au mois d'octobre 2004*, janvier 2005.

Colette Braeckman, *Vers la deuxième indépendance du Congo,* Le cri, 2009.

Deborah Brautigam, *China Africa Blog,* https://deborahbrautigam.com/blog/

Erik Bruyland, *Cobalt blues, la sape d'un géant,* Racine, 2021.

Tom Burgis, *The Looting Machine,* William Collins, 2016.

I. Campos et A.Vines, *Angola and China ... partnership,* CSIS, 2008.

Joseph Conrad, *Au cœur des ténèbres,* 1899.

Jared Diamond, *De l'inégalité parmi les sociétés : Essai sur l'homme et l'environnement dans l'histoire,* 1997, Gallimard, 2000, Folio, 2007.

Barbara Emerson, *Léopold II, le royaume et l'empire*, Duculot, 1980.

Fidèle Etoyi Esela, *La Chine et le développement en R.D. Congo, analyse critique du contrat sino-congolais*, L'Harmattan, 2021.

F.X.Fauvelle & alii, *Atlas historique de l'Afrique,* Éditions Autrement, 2019.

Howard French, *China's second continent: how a million migrants are building a new empire in Africa*, Knopf, 2014.

Howard French, *Born in Blackness, Africa, Africans, and the Making of the Modern World*,Liveright Publishing Corporation, 2021.

Antoine Gizenga, *Ma vie et mes luttes*, L'Harmattan, 2011.

Global Witness, *La Chine et le Congo : des amis dans le besoin,*2011.

Ernesto Guevara, *Journal du Congo*, Mille et une nuits, 2009.

Adam Hochshild, *Les fantômes du roi Léopold, Un holocauste oublié*, Belfond, 1998.

Johanna Jansson (Malm), *The Sicomines Agreement: Change and Continuity in the Democratic Republic of Congo's International Relations*, South African Institute of International Affairs, Occasional paper Nr 97, October 2011.

Lieve Joris, *Sur les ailes du dragon - Voyages entre l'Afrique et la Chine*, Actes Sud, 2014.

Christian-jr Kabange Nkongolo qui plaide pour une renégociation, *Quelques considérations juridiques sur le deal sino-congolais,* 2009, leganet.cd/Doctrine.textes/Decon/Dcontrats/KABENGE.2009.htm

Kalala Budimbwa, *Le « sinisme » du contrat le plus léonin*, http://congograndbeauetrichepays.over-blog.com/article-21942311.html, 2008.

Augustin Katumba Mwanke, *Ma Vérité*, EPI, Nice, 2013.

Nestor Kisenga, *L'art de piller propre*, Congolobbying, 2016.

D.G. Landry, *The risks and rewards of Resource-for-Infrastructure deals: Lessons from Congo's Sicomines Agreement,* Africa Research Initiative, 2018

Mario Vargas Llosa, *Le rêve du Celte,* Gallimard, 2011

Dambisa Moyo, *L'aide fatale,* JC Lattès, 2009.

Jean Mpisi, *Le programme sino-congolais pour le développement des infrastructures en RDC*, L'Harmattan, 2020.

Jean Mpisi, *La Sicomines (Sino-congolaise des mines),* L'Harmattan, 2020.

Philomène Ntumba Makolo, *Reconstruire la RDC : quel leadership pour quelle société,* Muhoka, 2012.

Nzongola-Ntalaja Georges, *Faillite de la gouvernance et crise de la reconstruction nationale au Congo-Kinshasa*, Icredes, 2015.

Thierry Pairault, *Chine-Afrique*, blog https://www.pairault.fr/sinaf/

Laurent Okitonembo Wetshongunda, *Communication juridique à la journée de réflexion sur : « Les enjeux de la convention sino-congolaise. Analyse des experts congolais »,* CEPAS, 3 juillet 2008.

J-L S-Schreiber, *L'humanité : apothéose ou apocalypse ?* Fayard, 2017.

Théodore Trefon, *Réforme au Congo, attentes et désillusions*, L'Harmattan, 2009

Théodore Trefon, *Congo la mascarade de l'aide au développement,* L'Harmattan, 2013.

Judi Rever, Rwanda, *L'éloge du sang*, Max Milo, 2020.

Delly Sessanga Hupungu, *La voie du changement,* L'Harmattan, 2011.

Daniel Vangroenweghe, *Du sang sur les lianes - Léopold II et son Congo,*Éditions Aden, 1986.

Michela Wrong, *Do Not Disturb, The Story of a Political Murder and an African Regime Gone Bad*, HarperCollins, 2021.

Marcel Yabili, *Droit du Travail Congolais: déroute et pistes,* in *Droit Congolais à l'Épreuve du Temps*, PUL, 2010.

Marcel Yabili, *50.000 taxes,* Mediaspaul,2016 ; *Fiscalité réglementaire,* PUL, 2018

Marcel Yabili, *État de droit, Cour Constitutionnelle*, PUL, 2012.

Marcel Yabili, *Le Géant d'Afrique, le géant d'Asie, L'Harmattan, 2012.*

Marcel Yabili, *Vraiment Congo, une tribu,* Mediaspaul, 2015.

Marcel Yabili, *Deux saisons sans la troisième République,* Les Impliqués, 2017.

Marcel Yabili, *Chine-Congo, chronique d'une colonisation choisie, L'Harmattan, 2020.*

Marcel Yabili, *Fake news,* Mediaspaul, 2020.

Marcel Yabili, *135 ans et+*, Mediaspaul, 2021.

Jean Ziegler, *La haine de l'Occident*, Albin Michel, 2008.

AUTRES PUBLICATIONS ET DOCUMENTS

Bulletin Officiel de l'État Indépendant du Congo, 1886 à 1908.

Enquête parlementaire belge sur Lumumba, Chambre des députés, Vol I et II, 2001.

Naissance du Congo Belge, Didier Hatier, 1989.

Le rapport Brazza. Mission d'enquête du Congo, rapport et documents (1905-1907), Le Passager Clandestin, 2014.

Loan list as to 10 Nov 2017, Country DR Congo, Banque Mondiale, fichier Excell, inédit.

Rapports du Groupe d'experts sur l'exploitation illégale des ressources naturelles et autres richesses de la République démocratique du Congo, Conseil de Sécurité ONU, 2001, 2002, 2003.

Rapport mapping sur les Violations des Droits de l'Homme en RDC, Commissariat des Nations Unies aux Droits de l'Homme, 2010.

Thierry Michel, *Katanga Business*, film, 2008.

Thierry Michel, *Irrésistible ascension de Moïse Katumbi*, film, 2013.

Thierry Michel, *Empire du silence*, film, 2021

*5 ans au service de la reconstruction et de la modernisation de la RDC,*BCPSC, 2013.

TABLE

TABLE

www.ingramcontent.com/pod-product-compliance
Lightning Source LLC
LaVergne TN
LVHW010920051026
849532LV00003B/776
9782343257235